ode *ao tempo*

poesias

organização de
Lura Editorial

lura
EDITORIAL

ode ao tempo

poesias

Gerente Editorial
Roger Conovalov

Preparação
Aline Assone Conovalov

Diagramação
André Barbosa

Capa
Lura Editorial

Revisão
Gabriela Peres

Impressão
Viena

Dados Internacionais de Catalogação na Publicação (CIP)
(Câmara Brasileira do Livro, SP, Brasil)

Ode ao tempo / organização da Editora. --
São Caetano do Sul, SP : Lura Editorial, 2021.

Vários autores.
ISBN 978-65-86626-85-8

1. Poesia brasileira 2. Poesia - Coletâneas -
Literatura brasileira

21-79485 CDD-B869.108

Índices para catálogo sistemático:

1. Poesia : Antologia : Literatura brasileira
B869.108

Cibele Maria Dias - Bibliotecária - CRB-8/9427

[2021]
Lura Editorial
Rua Manoel Coelho, 500, sala 710, Centro
09510-111 - São Paulo - SP - Brasil
www.luraeditorial.com.br

Alice: Quanto tempo dura o eterno?
Coelho: Às vezes apenas um segundo.
LEWIS CARROLL

SUMÁRIO

MADURECER

Ágda Franco Barrêto

Bendita seja a maturidade que, junto com os fios brancos,
Com as finas rugas no rosto, e o transformar da feição,
Traz a graça da sabedoria, do entendimento, da justa compreensão.
Benditas as três décadas, esta singular idade,
Jornada de esplendor que vai ensinando a enxergar o outro,
A nós com aperfeiçoado sentimento, com apreço imenso,
Que faz ir aprendendo melhor cada lição.
Bendita a visão do tempo com serena humildade,
Que faz reconhecer a oportunidade trazida pelos anos,
De olhar de verdade os reais presentes se estiver disposto.
Que possibilita perceber, sem inquietação, humanos acertos e erros,
Sempre vistos pelo Senhor, e Ele entende nosso caminho de evolução.
Bendito seja Jesus Cristo, exemplo maior de caridade,
Que atende igualmente a quem a Ele vai, tantos quantos.
Descortina o que de fato é precioso, pode fazer tudo recomposto.
Revela, pelo madurecer, que tudo tem superior propósito,
E vai nos tornando mais seguros, alertas, com espírito mais propenso
A sermos mais sábios, capazes de ofertar à vida-dádiva rica apreciação.

CICLO DIÁRIO

Ágda Franco Barrêto

Luz, sol acordado.
Depois dorme, nova cor.
Brilho alvo: já?!

SAUDADE E LIBERDADE

Alessandra Alexandria da Cruz Noronha

De repente, sinto saudades...
Saudade dos amigos,
Saudade dos encontros,
Do chá da tarde,
Do café com bolo,
Do pão de queijo.

Os meus dias se resumem em saudade e espera
Vejo fotos num porta-retratos na estante da sala
Novamente, a saudade invade a minha alma...
Clamo a Deus e aos anjos que mostrem um caminho
Ah! Essa saudade já não cabe no peito...

A noite cai lentamente e mais uma vez tento me distrair
Observo a lua, as estrelas e ouço uma linda canção...
Escrevo uma poesia que me conforta,
Mas que não acaba a saudade infinita da liberdade que sinto.

Quem nunca sentiu saudade de algo?
Quem nunca sentiu saudade de alguém?
Como queria não falar de tristezas e incertezas
Mas no momento não tenho para onde correr.

Então, quase como numa prece, tento acalmar este coração...
Amanhã é outro dia e sei que será mais um dia de saudade
E eu, como um ser sedento de atenção, carinho e presença,
Recorrerei ao meu baú de lembranças
Há recordações em todos os espaços.

Amanheceu! As saudades persistem em adentrar no meu coração
Fazendo-se presente
Respiro, inspiro, tomo um café e volto a escrever
Retorno a este mundo, que agora é só meu.

Que maravilha! Hoje é momento de agradecer a essa imensa saudade
Que me faz ter forças para seguir adiante
Espero por dias melhores
Fé em Deus, menina! Esse dia vai chegar.

LISBELA, FLOR DE MENINA

Alessandra Alexandria da Cruz Noronha

No dia 20 de janeiro de 2015
Nascia uma linda flor no nosso jardim
Seu nome seria
Natália Lisbela

A cada pulsar do seu coração dentro de mim
Quanta emoção!
Amor
Ternura
Doçura

Sentimentos maternais
Amor incondicional
Sua gestação teve altos e baixos
Recordo do medo de te perder
O Deus supremo e amoroso
Me deu você

Que lindo presente!
Parecia um anjo
Encanto e doçura de criança
Fui me descobrindo mãe
Quantos anseios e desejos
Sentia seu corpinho dentro do meu

Te imaginava em meus braços
Cantando cantigas de ninar
Ser mãe, para mim,
Sempre foi um grande desafio

As horas
Os dias
Os meses se passavam
Você crescia dentro de mim
E de toda minha alma
Desejava ser sua mãe

O grande dia chegou!
Felicidade eufórica
Você NASCEU!
Quanta alegria

Pequenina criança
Linda e frágil
Olhar cristalino
De alma pura
Pele macia como algodão.

NÃO QUERO CRIAR UNICÓRNIOS

Alexandre de Bem

Agora cheguei na paz.
Oh! Xangri-lá que acalma.
Não para ter uma marca nova na alma.
Nem para buscar erros lá de trás.

Apenas descobri o norte.
O nó que não resolvi no auge.
Larguei o celular e o mouse.
Com certeza estou com sorte.

O filho corre, a filha dorme.
A mulher olha, pensa e não diz.
Feliz com a escolha que fiz.
Subtraia, some, divida e divirta-se.

REMEMORAR A INFÂNCIA

Alice Moraes

Na passagem do tempo
Rememoro a infância
Época sublime e doce
Alegre como a dança

Os primos se reuniam
Brincavam de esconde-esconde
Na chácara de vovô
Apareciam até os de longe

Foram muitas brincadeiras
A vida era só diversão
O mundo era colorido
E sem preocupação

Subíamos em árvores
As tias contavam histórias
O medo era dos besouros
Que ficavam no pé de amora

O tempo não volta mais
Na memória fica a lembrança
Onde podemos revisitar
A beleza de ser criança.

O PASSAR DO TEMPO

Alice Moraes

O tempo chega pra todos
O tempo passa tão depressa...
E quando se envelhece
E os filhos seguem seu caminho
O silêncio ecoa pelas paredes
E você se sente sozinho
A noite é mais longa
O medo invade o coração
É preciso alguém por perto
Pra conversar, dar atenção
O pensamento voa alto
Visita momentos de outrora
Os risos das crianças
As brincadeiras fora de hora
Quem ouvirá meu grito?
Quem contemplará meu semblante?
Tudo é incerteza
Mas enquanto houver tempo
Acolhe-me...

SOBREVIDA

Aline Araújo

Enquanto você partia
Eu, mesmo sem saber, sabia
Enquanto você para a vida voltava,
Ele, mesmo sem chorar, chorava
Enquanto você para a casa voltava,
Ele, pela primeira vez, em casa chegava
Enquanto você se desprendia,
Ele me prendia na sua luz como guia
Enquanto você da vida desacordava
Ele, em cada expressão, te lembrava
Enquanto você para a luz caminhava
Ele, salvando a mim, respirava.

ESBOÇOS

Amadeu Nellis

Faz-se necessário tempo.
Pra perscrutar os silêncios. Ouvir os “nãos” ditos.
O que deseja continuar
Nas sombras — sob a terra úmida.
No escuro profundo.
À espera do *quando* deixará de ser
Semente.

É preciso auscultar o tempo.
Mergulhar em suas entranhas: desmistificar medos.
Deixar-se penetrar no “reino das palavras ausentes”.
Recriar novos sentidos.
Outros mundos.
Novas
Mentes.

É impossível retroceder o tempo.
Refazer enganos,
Alterar destinos (Esboço esboço de sonhos dispersos?).
Nesse antigo templo, vidas não se medem.
Nem se trocam.
Tocam-se!

MURMÚRIOS

Amadeu Nellis

Vislumbro certo aceno por entre as roupas secando ao sol.
O vento que dobra a esquina agita no ar camisas já gastas,
desbotadas. Parecem mãos abanando ao longe,
Na insana tentativa de descrever no tempo que já não existe,
Sonhos despedaçados há muito: distâncias rabiscadas ao chão.
Ao calor dos dias.
Dos risos que abandonam as bocas.
(Palavras represadas num céu sem nuvens.)

Quão solitário é pisar a sombra da casa velha e não conseguir,
com a mão em forma de concha,
Resgatar uma simples gota ao fundo do pote velho. E
Descobri – num piscar de desgosto desta terra árida –
Do outro lado da porta semiaberta,
Pés que se arrastam levantando poeira.
Areia fina. Translúcida.
(Sem força alguma de prender memórias.)

Mas que ainda refletem (apesar dos avisos ao contrário),
Uma breve memória, gravada como fóssil em rocha, de tão
seco o solo que ainda piso.
Agora, antes que o sol nos marque a pele e a noite nos cubra
com seu manto,
Só nos cabe fechar a boca e engolir as sobras de toda a
Paisagem:
Silêncios.

QUANTO TEMPO É SUFICIENTE?

Amanda Pereira Santos

Pra lá e pra cá escuto
Não tenho tempo
Também não nego que eu mesma já disse
Não tenho tempo
A grande pergunta é
Não tenho tempo pra quê?
Não tenho tempo pra minha família?
Não tenho tempo pros meus amigos?
Pra me divertir?
Pra descansar?
Viajar?
Questiono mais...
Não tenho tempo, ou não reservo tempo para o que eu quero?
E será que realmente sabemos o que queremos?
Só aí vamos deixar de perder tempo
E destinar mais tempo ao que realmente importa
Afinal
O tempo que temos nunca será suficiente.

ODE AO TEMPO

Amarísio Araújo

Foi num tempo de sonhos e de desvelos múltiplos, que eu ia te colher todas as manhãs no meio de azaleias brancas e, com as mãos em concha, eu te carregava pelos caminhos como água única da minha sede.
Penso nesse tempo e sinto como se um fogo me queimasse no peito. Das minhas mãos, exala um cheiro agudo de flores incendiadas, e a minha boca logo reclama uma sede antiga.
Oh! Artimanha da saudade: dois rios brotam nos meus olhos!

O TEMPO

Ana Cordeiro

Pela janela da vida
Observamos as coisas
Tomarem rumos diversos
Alguns satisfatórios
Outros nem tanto
Vemos coisas e situações
Que podemos mudar
E tantas outras
Em que ficamos a esperar
Os desfechos dados pelo tempo
Ah! O tempo
Esse companheiro às vezes plácido
E às vezes tão implacável
Cobrando com juros altos
As nossas insensatas escolhas
Assim é o tempo
Às vezes amigo
Às vezes algoz
Mensageiro de alegrias
Mas também de sofrimentos inconstantes
Seria ele (o tempo) o culpado
Ou somos nós os responsáveis
Pelos rumos que damos
Ao desenrolar de nossa existência
Em busca da alegria suprema?

NAS CURVAS DO TEMPO

Ana Cordeiro

Me deito nas curvas do tempo
Como quem espera
O fim de um longo caminho
Na esperança de encontrar
Sabe-se lá o quê
Fico à espreita
Do balanço das horas
Que lenta e preguiçosamente
Se recusam a passar
Como a me dizer: "pra que a pressa?"
Nas curvas do tempo
Posso perceber as transformações
Do meu casulo
Irrompendo de uma hora pra outra
Em emoções que teimam em aflorar
Sem imaginar o que aqui fora
Haverá de encontrar
O que pensar quando tudo isso passar?

O TEMPO TODO

Ana Cristina Santos

Eu componho poesias
Porque a vida é breve, e quero eternizar cada momento
Eu componho poesias porque cada momento é único
Eu sinto vontade demasiada de compor
E ao compor sinto alento
Isso não é frescura, é sentimento
Eu componho porque minha alma sente sede das palavras
Elas pulsam do meu íntimo como sinal de que tenho que compor
E as palavras saem de mansinho, e me fazem um carinho na alma
Só a poesia me acalma, me faz crescer como ser humano
Viver sem compor poesias é desumano
A poesia deveria fazer parte da vida de cada ser humano
Pois viver sem poesias é ser um tirano,
É não saber apreciar uma bela flor, é viver sem amor
É não contemplar as borboletas e seus encantos
É viver triste sem ter quem enxugue seus prantos.

Pedro Canário – ES. 16 de janeiro de 2021

O QUE É O TEMPO?

Ana Cristina Santos

O tempo é hoje, o agora, vamos ser feliz nesta hora
O tempo é quando
Quando vamos mudar e ajudar o nosso próximo
O tempo para mim é mestre e ao mesmo tempo aluno
O tempo nos ensina a sermos melhores humanos, mais justos e humildes
O tempo nos molda, nos torna mais sábios
É inacreditável que alguns humanos planejem todo o seu tempo a maquinar o mal
Mas isso não é novidade, é um caso real
Alguma pessoa nos rotula como loucos por amar e apreciar belas poesias
Mas eu quero continuar sendo louco e criar poesias todos os dias.
Sem perder a essência, quero ter consciência de que podemos ser tudo neste mudo vasto
Quando vimos o ano já se finda e renasce outro com novas esperanças
E nos faz sermos como crianças cheias de sonhos e fantasias
E planejamos novas metas e projetos todas as noites, todos os dias.

Pedro Canário – ES. 18 de janeiro de 2021

O TEMPO EM ATOS

Andrea Frossard

Tempo Compassivo

Ausência, não existência

Falta de amor, desamor e engano

Na balança: miopia para escolher, ou astigmatismo para reconhecer. A mulher se deitou na poltrona como estratégia e, em espera, como tática, amenizou a dor e refletiu: "O problema não é a contagem do tempo de desejo, mas o que se quer receber em cuidado".

Tempo Póstumo

Epitáfio sem data

De: uma mulher qualquer

Para: uma existência insignificante.

Tempo Nervoso

Não suportou quantificar o tempo depois da última noite que mal dormira. Era o seu pecado original à sua frente, como um espelho. Haveria tempo de resgate ou morreria reproduzindo uma dúvida eterna? Matéria ou espírito? Noites e mais noites, corpo em chamas e alma inquieta. Quanto tempo falta? – nem o relógio sabia.

Tempo de Busca

Sentido e natureza

À procura

Encontro em um único ponto

Eu e os meus *eus*.

Tempo Criativo

Às vezes penso que meu ócio será criativo. No entanto, ele não o é porque necessita ser produtivo. Então, chega a angústia entre os livros, as folhas soltas e a tela do computador.
Eu brigo, retiro-me da sala e fico de mal comigo. Dou-me um tempo!
Eu saio de cena e penso em poesias mescladas em imagens que produzo em desejo.
Entrego-me aos sonhos até que o outro dia chegue e me desperte em criação.

Tempo Final

Histórias complexas entre a maçã do primeiro amor e o vinho envelhecido
Passeios na adega da maturidade
Fragmentos de lembranças da menina quase moça
Solidão e completude
Mulher em processo de digestão
Enredos de vidas em movimentos digitais ou analógicos
A campainha tocou
Era hora de atender a porta.

O TEMPO PRESENTE

Angelita Gomes Fontenele R. da Cunha

Vivi muitas emoções
Com os eventos virtuais
Destaco uma aula linda
Que enfeitou minha vida
A aula dele, às quartas-feiras
Semana que demorava tanto
Que até parecia um ano
Não é paixão, é amor
Amor pelo professor
Da disciplina que cursei
Como aluno especial
Ofertada no Doutorado
De uma universidade
Universidade Federal
Infinitos arquivos
Das imagens da berlinda
Aos gestos de cada um
Geraram efeitos de pura emoção...
De forma que jamais posso esquecer
O tempo presente
Que guardarei no coração!

VIVENDO NO TEMPO

Angelita Gomes Fontenele R. da Cunha

Do meu tempo infante
Eu guardo a lembrança
Das imagens do campo
E de um rio encantante.

Uma grande paixão
Vivi na adolescência
Ao conhecer o poeta
Da mais linda canção.

Guardo as melhores vivências
Dos tempos de juventude
Foram três universidades
Aprendendo resistências.

Encontrei a maturidade
Nos tempos de vida adulta
Quando nasceu o meu filho
Minha maior felicidade.

Vivendo uma fantasia
Com emoções atuais
Encontrei o melhor sorriso
E rima pra poesia.

MEMÓRIAS

Antônio Fábio Alencastro Soares

Houve um tempo
em que minha sede de viver
era alucinada.
Como um visionário,
declamava Rimbaud,
corria atrás de amores impossíveis,
cantava versos do Lupi
nas noites frias da cidade das águas e dos ventos.
Lembro do menino que tudo questionava,
à procura de respostas nas esquinas da vida.
Hoje, meu coração tá sossegado,
encontrou a paz nos amores reais,
no abraço das amizades,
na compaixão que transcende o tempo,
na luz que ilumina o mundo.

LEMBRANÇAS

Antônio Fábio Alencastro Soares

Teus beijos estão esquecidos
dentro de alguma gaveta,
em meio às fotos amareladas,
restos do amor que me foi negado.

São fantasmas que, desafiando o tempo, me atormentam
nas noites frias visitadas pela solidão.

Estranhas figuras que emergem das gavetas,
Espectros que descem das molduras
para assaltar meus sonhos.

Sou um prisioneiro do tempo,
um lobo solitário e errante,
perdido nas vielas
da cidade das águas e dos ventos, imerso nos navios fantasmas
da Rua Riachuelo,
e se tua lembrança
traz tristeza ou alegria,
não sei dizer!

O TEMPO

Bruno Alberto de Araújo

Partícula indivisível,
Indissoluta!
No vai e vir de suas curvas
Um retrato, um momento!
Um homem, um menino!
Gravado singular, lamento!
Não ter sorrido mais...
Me aborrecido menos!
Vida absurda!
Rege tons absurdos;
E eu preso na foto,
A foto presa no momento.

UMA VEZ MAIS

Bruno Alberto de Araújo

Ah, se eu pudesse!
Retornar à infância,
Reviver tudo quanto há!
Eu viveria intensamente
Brincadeiras, tons, sabores
E nos afãs das cores;
Pintaria uma aquarela!

RELÓGIO

Bruno Serra

Deu a hora de ir embora,
mas vi que agora não consigo
um relógio amigo
com hora.

Bateu o vento, a contento,
para indicar tormento na agonia
que o relógio via
com o vento.

No tempo presente pode estar
o coração a pulsar
no caminhar de um ponteiro
do relógio certeiro.
Onde está?

O relógio
que marca,
desmarca e abarca
a vida inteira,
companheira.

UM DIA APÓS O OUTRO

Carolina Bastian

Dia odioso, por que passaste
Tão vagaroso?
Tuas horas são hostis
E causam-se amargor!
– Pois bem, pequena grandiosa mulher,
Ontem reclamaste de mim
E hoje contemplas o brilho do sol
Envolto em teus cabelos,
Em teu magnífico olhar.
Aprendeste a ser paciente
E olhaste com carinho para seu coração.
Apreciaste o mau sentimento
E compreendeste que tudo passa,
Até mesmo os dias mais fúnebres
Que outrora intitulaste intermináveis.

CÁRCERE

Carolina Bastian

No cais deste mundo célere,
A vida passa em um sopro.
Tão vertiginosa quanto meus
Pensamentos, que me tiram
O alento. Atleta nata de
Correr contra o tempo
E ainda assim, perdida
Nos dias da semana.
Ora, o ano mal começou
E já está na metade! Esse
Domina a arte da fugacidade.
Queria deleitar de todos
Os minutos, mas quando
Deparo-me já estou no amanhã
E o hoje fica encarcerado
No passado.

TEMPO

C.P.Santos

O tempo foi, o tempo está e o tempo virá,
E, como previsto, a todos alcançará.

Para alguns será implacável,
E isso é inevitável.

Para outros será benevolente,
Nos deixando mais contentes.

O tempo segue com maestria
E por isso precisamos ter sabedoria.

De não querer lidar com ele
Mas sim viver com ele.

Ah, tempo, que tempo é esse?
É o tempo de absorver.

(C.P.Santos, 25/01/2021)

CONTRAPESO

Carlos Kizoze

Há quem se afoite
a crer que o poeta triste
de tão frágil a nada resiste;

E a nada resistiria não
fosse a poesia.

Sou poeta à noite,
onde clareio – e raiaria
não fosse estivador de dia.

ANDORINHAS

Carlos Kizoze

de inverno a verão,
a cada dia uma andorinha.
quando outras verão?

SEM FUGA

Carlos Vinicius

Da janela vejo o que nunca se refaz
Devastar florestas, repovoar desertos,
Fazer de rotas seguras rumos incertos,
Brincar de esconde-esconde com a guerra e a paz.

Fecho a janela, temeroso do que vi.
Preparo meu café, pulsa a chuva lá fora,
E em minha mente, ele ainda me devora
Sem piedade, até sentir que eu desisti.

Pensei que em meus livros seria encarcerado...
Pensei errado! Livros meus são seus escravos,
Como as canções, as memórias, as distrações...

Tempo sem rédeas, que me engole por bocados!
Despedaça-me as rosas e fere-me os cravos,
Que a mim só resta respeitar tais decisões...

NO COMPASSO DO TEMPO

Carlos Vinicius

Em tudo o que o tempo toca,
Um pouco fica de pó.
De tudo o que o tempo estica,
Um pouco fica de pé.
De tudo o que o tempo explica,
Só fica o que o implica fé.

Bem assim que a banda toca:
Toca firme no compasso
A marcha desconhecida,
Essa pulsação que foca
Nos baques que a mente abranda
Para abrandarmos a vida.

O TEMPO DO AMOR

Celia Siqueira

Contigo aprendi a amar
pensando no infinito
desse amor,
na esperança eterna
desse olhar,
De sua entrega total...
Contigo aprendi
que o tempo é amigo.
Que faz perdurar
o sentimento verdadeiro.
Que fica, apesar da revolta
da saudade
E da lágrima que cai...
Contigo aprendi
a eternidade do amor.
Tudo passa nessa vida,
o amor permanece em mim.
Os cabelos branqueiam,
o rosto fenece em mil linhas.
O corpo se curva,
os passos titubeiam...
Mas o coração guarda o amor,
qual joia preciosa da vida.
Contigo aprendi muitas coisas,
mas continuo sendo:
Eterna aprendiz do seu amor.

QUANDO TUDO ISSO PASSAR

Cláudia Magalhães

Havia um tempo que o enquanto era infinito sofrer
Algo como uma pausa eternizada, que ansiava gritante aceno ao futuro
Um tempo que o mundo inerte se rendia ao invisível, experimentando outro ritmo do viver.

Encontros raros, escasseados de toques e abraços abrigados em confinamento
Atrás de máscaras apenas o olhar a reconhecer sorrisos e angústias.
Contidos, detínhamos o contágio e a contagiante vontade de romper barreiras.

Na busca por sobreviver, passamos a refletir sobre o viver.
Nem todos! Nem tanto!
Uma nova temporalidade foi se tornando habitual... até meio atemporal.
Quando a vida lá fora poderá acolher a vida de dentro?

Na espera pelo momento de se lançar e poder habitar espaços
mais amplos do viver

Arriscavam-se muitos! E por mais estendido estivesse sendo,
urgia deixar de ser.

Desejo maior: fosse logo tempo passado, qual recordação,
mesmo que amarga!

E houve mesmo este tempo! Então, instante eterno que
noutra hora longínquo episódio,

Não se deu em pesadelo, embora pesadelo fosse!

Mas ativou o sonhar, ou permitiu desejar novos sonhos...
inclusive este de despertar!

TEMPO FELIZ

Dan Barsan

De uma vida faz-se a sagrada aurora

Refletida no mural do menino veloz,
Em cada página um novo e belo conto,
Um fiel desenho de quem só apronta,
Com gosto de infância, sabor de aniz.
Brincadeiras na rua, comando de voz,
Esconde-esconde, pique por aí afora,
O rodopiar infinito que o deixa tonto,
A pipa ao vento nos olhos se desponta,
O mundo que gira numa lousa de giz.

****

E o tempo doce e suave da inocência,
Desliza nos ponteiros do relógio vital,
Corre, menino, aproveita o momento,
Balança em seu berço de aventuras,
Passeia em cada segundo dessas horas,
Elas não voltam ao seu ponto inicial.
Então abrace essa sua lúdica essência,
Corra no gramado, vai sentindo o vento,
Vire estátua, sonhe e imagine as criaturas,
Seu universo é este, agora, e suas amoras.

****

Bata palmas pra sua felicidade que vive,
Pare nesse tempo antes que seja tarde,
Busque o céu azul da sua amarelinha,
Pule as cercas, os jardins, seus segredos,
Role no chão que é seu grande tapete.
Grite de algazarra, mas não faça alarde
De um tempo delicioso que eu já tive,
Da criança feliz em cada travessurinha,
Que deixava de lado todos os medos,
Fazia de conta que a vida era sorvete.

04/01/2021 * 23h24.

E O TEMPO LEVOU

Dante

Tempos idos
Felizes ou sofridos
Tempos de ânsia
Tempos de infância

Tempos de alegria
Com a felicidade de quem cria
Tempos de corda pular
Tempos de, com leveza, acordar

Tempos de ouvir, de imaginar
Histórias incríveis elaborar
Tempos de cair
Tempos de, mais rápido, sorrir

Tempos de estudar
De flertar, mas sem da bola abdicar
Tempos de acolhedoras pracinhas
Tempos de inocentes gracinhas

Tempos que o tempo levou
Sem tempo para perguntar: "Já vou?"
Tempos que não voltam mais
Tempos em que tivemos paz

BREVIDADE ATEMPORAL

Débora Torres Storino Cavalcanti

Tempo?
Preciosidade que jamais possuiremos
Para toda uma humanidade
Indispensável e menosprezado
Incansavelmente procurado e dispensado
Profundamente valorizado e negligenciado

Tempo!
Intocável para mãos humanas
Por almas humanas, sentido
Invisível aos nossos olhos
E por nossos corações, visto

Tempo
Tão equívoca é nossa relação
Tão ínfima é nossa compreensão
Tentando resgatar o que passou
Fantasiando o que nem chegou

Vivemos em milésimos
Amamos por segundos
Sofremos perpetuadas horas
Vivamos em infinitos
Amemos pela eternidade
Soframos perpetuando o nunca

Tempo
Filho da singularidade e do relativo
Entre a percepção e o despercebido
Um minuto!
Vive na eternidade
E a eternidade
Num minuto é brevidade!
Mas a brevidade
No coração, transmuta eternidade

ALGO DE MIM

Drizalez

Tem algo de mim preso lá no passado...
Em invernos, em aconchegos de blusões de lã,
no frio do vento gritando
e entrando por baixo da porta
e pelas frestas das janelas.
Em líquidos quentes fumegando
na xícara de alça quebrada.
Não sei o que é, mas há algo de mim lá longe...
Nos invernos adolescentes, no apartamento apertado.
Na esperança por dias de muito mais amor,
de muito, muito, muito mais amor.
Tem algo de mim que ficou lá...
Uma parte de mim que sonhava,
que sentia o vento gelado
fazer doer o rosto e que gostava...
Gostava, porque sentia no vento
um prenúncio de que o amor estava a caminho.
Sonhava com o aconchego,
com dias e noites de frio envolvente,
com neblinas de manhã precedendo dias de sol.

O TEMPO CONTINUA CORRENDO

Drizalez

Do alto do edifício,
vejo os telhados das casas, vejo as árvores.
Lá embaixo, tudo parece feliz... Lá, o tempo parece correr.
Só aqui dentro, sinto o tempo parado.
Mas quando olho o relógio, vejo que o tempo passou.
Lá fora, há quase nada de vento.
Umas poucas copas de árvores balançam-se suaves.
O tempo corre... O tempo não depende do vento.
O vento segue suavemente... Não escuta o tempo a correr.
A luz da lâmpada da rua deixa as folhas amarelas,
lindas, iluminadas, como uma promessa de felicidade.
E, ao mesmo tempo, não sei por quê,
parece ter algo a ver com o tempo...
Algo que passou, ficou longe, no passado e nunca voltará.
O tempo continua correndo enquanto olho a luz amarela do poste.
O tempo continua correndo enquanto vejo as árvores.
O tempo continua correndo enquanto sinto, enquanto penso.
O tempo continua correndo enquanto admiro assombrada
o céu nublado, sem estrelas, nesta noite cinza, mas linda.
O tempo continua correndo enquanto estou escrevendo.

ALEGRE ARQUEOLOGIA

Drizalez

Quando pequena,
gostava de visitar
ruínas de casas demolidas.
Sentia-me feliz ao brincar,
procurando indícios
da vida que havia ali
e de coisas esquecidas.
Sentia uma forte magia
ao descobrir, nos alicerces,
pedaços de objetos escondidos,
numa alegre arqueologia.
Sentia um grande assombro
ao brincar e correr
sobre as lajes e os escombros.
Sentia o profundo mistério
das vidas que ali moraram,
ao encontrar restos
de histórias que não contaram,
de lembranças que esconderam,
de memórias que adormeceram.

O TEMPO PASSA SÓ

Drizalez

O tempo passa sozinho.
O tempo passa só.
Mas carrega com ele o que não fica na memória.
O tempo leva embora o que escondíamos
atrás das cortinas, no fundo das gavetas,
nos cantos do quarto.
O tempo passa sozinho.
O tempo passa só.
Mas carrega com ele o que é esquecido.
O tempo leva embora os sentimentos,
os sonhos, os segredos.
O tempo passa sozinho.
O tempo passa só.
Mas carrega com ele o que víamos no espelho.
O tempo leva embora o que ouvíamos atrás da porta,
o que falávamos a meia-voz, o que gritávamos.
O tempo passa sozinho.
O tempo passa só.
Mas traz de volta o que não ficou bem escondido,
o que não foi todo esquecido, o que nunca foi compreendido.

NO GLOBO DE 2020

Elianes Klein

É Tempo de novas marcas.
O cenário muda de repente.
Tudo que se manifesta
Desprogramado estava.
Transitoriedade é o leme
Fique em casa é o lema,
Reclusão imposta.
Isolamento social...
Proteção necessária.
Vença o vírus,
Use a máscara,
Mantenha distância,
Fragilidade eminente.
O humano teme a vida
Sente falta da presença.
Sentimentos repensados,
Apegos despojados,
A fé é resgatada.
Remota conexão é trabalho.
Das mortes vividas a dor,
Pede ao além por saída.
Ciência, pesquisa e vacina.
Surge uma nova vida,
O tempo é aqui e agora
2020... mudou tudo!
O globo grita.

APRENDIZ DO TEMPO NO TEMPO DE APRENDIZ

Elianes Klein

Na vida somos todos aprendizes
Estamos de passagem.
O roteiro de aprendiz do tempo
É implacável na agenda.
Registrar nosso protagonismo é o desafio:
Aprendiz do tempo de olhar,
Aprendiz do tempo de ver,
Aprendiz do tempo de sentir,
Aprendiz do tempo de amar,
Aprendiz do tempo de semear,
Aprendiz do tempo de colher,
Aprendiz do tempo de ser,
Aprendiz do tempo de viver...
Tempo de aprendiz tem contrato
Aprendizagem profissional é ofício
Na teoria e na prática
Cada um têm seu cronograma.
Inexperiência e experiência em ação,
Resiliência e superação,
Adolescência em transformação.
Valores e virtudes construindo um lugar,
Tempo de projeto de vida. Escolhas em jogo.
Pensar o presente e agir, conquistas diárias.
Dar asas aos sonhos, se ver no futuro...
Desafios fazem o tempo valer a pena.
Quando projeto de vida tem propósito...
Nosso caminho marca quem somos:
"Aprendiz do tempo no tempo de ser aprendiz".

TEMPUS FUGIT

Eliel Carvalho

Como água e vinho
Escorrendo pelo canto da boca
Sorvido e abandonado
Vai escapando fugídio
Leve como uma borboleta
Tempus regit actum.
É o senhor das coisas inacabadas
Contra o inexorável
Nada se pode fazer
Apenas continuar em frente
Caminhando suavemente
Com o tempo acelerado
Correndo embaixo dos pés
Enquanto a mente voa livre e fugaz
Plainando leve acima das nuvens
Quais mistérios insondáveis
Podem ser revelados sem demora?
Jamais saberemos o que vem a priori
A não ser um lampejo a posteriori
Pelo relógio na parede a sobressaltos.

MOCHILEIRO

Eliel Carvalho

Eu
Vou
Escalando
Montanhas
Subindo
Descendo
Escadas
Enfrentando
Chuvas
Tempestades
Infinitudes
Velejando
Ao
Sabor
Do
Que
Poderia
Ser
E no fim, o que sobra?
Só o tempo no rodapé da página.

O TEMPO E A INFÂNCIA

Evatrier

Há tempos a infância se foi
Mas as lembranças sempre vêm à mente
Na realidade, vivem na memória
Tínhamos brinquedos simples,
Carrinhos de madeira para meninos
Bonecas de plástico para as meninas
Jogávamos bola de gude, caçador, vôlei e futebol
Andávamos em balanços que papai fazia nas árvores
Íamos nadar nos rios de águas limpas e cristalinas
Em dia de chuva, corríamos pelas ruas em demasia
Havia campos de margaridas que colhíamos para fazer
Ramalhetes e levar para a professora
Professora amada, que todo dia nos presenteava
Contando histórias de terras distantes
Nos fazia viajar na fantasia e na imaginação
E se encantar pela leitura e pelos livros
No Natal, data amada e a mais esperada,
Ajudar a fazer bolachas decoradas, e
Enfeitar a árvore de Natal era a maior alegria
Infância vivida com amor e carinho entre familiares e amigos.

O TEMPO QUE SE VAI

Evatrier

Por que o tempo corre em demasia?
A cada dia sinto os músculos, os ossos cansados
Suados, entediados, posso chorar, gritar
Para! Tempo, desse jeito vamos desmontar
O que o tempo fará por nós se não o seguir
A máquina nos engole inteiros sem mastigar
Tempo, momento de labutar no campo e na cidade
Como loucos sem cessar,
Esse tempo que nos deixa sem tempo de amar
Por que, tempo, tu ages assim?
Da minha infância de outro dia, hoje não encontro mais
Cadê a juventude, a noitada com amigos?
As baladas na discoteca até de madrugada?
O que tempo fez com o tempo que não volta mais?
O tempo de escola do primeiro amor e da primeira dor
Piquenique aos domingos, futebol de várzea, conversas
Risadas, o tempo passou e a amizade se fortificou
E nesse tempo que vem e vai, que roda num instante
Com o tempo as coisas vão, as coisas vêm, as horas vão
Vem tempo, vai tempo, tenho que cuidar para não me perder no tempo.

HAICAIS

Fabiana Lessa

tempo de ser: livre
tantas vozes de repente
explosão de luz

Na imensidão da noite,
hoje o que vejo? Ausências...
ah, e vaga-lumes!

ODE AO TEMPO

FerBarth

Estou aqui de passagem. Guardei o bilhete dessa viagem justo no bolso furado. Sabe lá para onde o vento o levou. Ainda tenho medo, mas cada dia me sinto mais livre das etiquetas e das normas de conduta. Amo o meu próximo, desde que ele não pise no meu calo. Cada um aprende a viver com sua dor, assim eu gemo baixinho, para não entristecer alguém que esteja ainda mais carente. Sei que a cura está nas alturas, por isso escalo as nuvens que se aproximam. Elas também passam, levam sua dor por dentro, depois deságuam em lágrimas e se desfazem com o vento.

Assim vou indo... sabe-se lá por quanto tempo!

CAJAZEIRAS DE OUTRORA

Fernanda Lícia de Santana Barros

O tempo do tempo em Cajazeiras não é nosso tempo!
O tempo do tempo é o próprio tempo!
Cajazeiras de um tempo em que as águas refletiam a luz
Natureza exuberante a todo instante em que nos seduz
Que tempo da passagem do tempo não percebemos o *chronos* ao vento?
Cajazeiras de outrora e saudosa nos conduz ao balanço na galha forte das árvores...
A celebração das estações com toda sua intensidade
Caju, manga, jaca, jambo e sapoti
Todos os frutos sagrados de certo para kairós saboreados por mim
Ah, Cajazeiras de um certo tempo!
Deixa saudades de um tempo em que não percebíamos a brevidade de um tempo
Em que as lembranças saudosas, enchem de nostalgia a Cajazeiras de um certo tempo
Em que nosso tempo era viver a passagem do tempo contemplando o próprio tempo

RENASCER COM O TEMPO

Fernanda Luiza

Esse que vos fala implora
Ao deus tempo,
que vigia aurora
Apodere-se
das feridas mais profundas
Cicatrize a alma lesionada

Transborde em águas
De Corrente amor
Refaz a vida desfalecida
Tempo água restabeleça
Vida intensa
Que em vós cultiva

TEMPO LUGAR

Fernanda Luiza

Sobre lugares
Tempos e dimensões
Conheço exatamente
Os traçados a mim
E como partícula temporal
que sou,
reconheci as fendas
que pretendo
transgredir

TEMPO MATÉRIA-PRIMA

Flávia d´Alcântara

Eu vim me recuperar de
tantas luas mal vividas,
tanto fogo debaixo dos pés,
tanta água entrando pelas ventas,
tanto vento empurrando pra trás.

Eu vim lamber as feridas,
restaurar a pele,
aceitar as cicatrizes.

Eu vim de muito longe
e de muito antes,
mas é aqui e hoje que me curo.

@blogaponte

APRENDIZADO

G.Annes / Versos Soltos por aí

Um ano se passou.
É o último domingo.
Início da última semana.
Ciclo novo.
Nova era.
Novos sonhos.
O que passou, ensinou.
O que virá, será.
Para melhor.
Para ser.
Para viver.

O PRIMEIRO DIA
DO RESTO DA SUA VIDA

G.Annes / Versos Soltos por aí

Chegou um novo dia.
E tudo que ela queria.
Esperar não é com ela.
Foi lá, quebrou a cabeça e fez.
O jeito é peculiar.
Grandes desafios, podem vir.
Se fosse o último dia, já estaria valendo.
Só que não é.
É o primeiro do resto da sua vida.

SOBREVIVENDO COM O TEMPO

Geraldo Lago

O tempo vai passando
As chances vamos desperdiçando.
Perdemos as oportunidades
E depois ficamos na saudade...

Passam-se segundos, minutos e horas.
Vão-se os meses e convivemos com as demoras
Os corações apaixonados
Sem se entenderem, ficam magoados.

Sem uma aproximação
Sofremos com a solidão
Não conseguimos expressar nossos sentimentos
E depois só restam os lamentos...

E na luta diária
As decepções são várias
Convivemos com as diferenças
Respeitamos nossas crenças

Os sonhos e as esperanças
Permanecem nas lembranças
No hoje sonhamos com ideais.
No amanhã com fatos reais.

Segundos, minutos e mais um dia.
Enxergamos momentos com alegria.
Diante da realidade das ausências
Amargamos e convivemos com nossas carências

Ah! O tempo e as chances não esperam...
As nossas desilusões nos desesperam...
Envelhecemos a cada dia que passa
E enfrentamos nossas dificuldades com toda raça...

Para sobreviver e ao mesmo tempo poder viver...
Deixamos às vezes de querer ou poder.
Aceitamos coisas impossíveis
E são esquecidos os sonhos que seriam possíveis...

O TEMPO E O AMOR

Geraldo Lago

Com o passar do tempo
Ficamos mais conscientes
O passado serviu de alicerce
Para construirmos nosso presente
Mas o poeta Belchior nos falou:
"O passado é uma roupa que não nos serve mais..."
As mudanças são necessárias
As desilusões são várias
Os fatos constroem a nossa história
E guardam tudo na memória
Extraímos os melhores momentos
Para seguirmos nossas estradas
Pela vida afora...
Lembrando-me do ontem, do hoje, do agora.
E sempre de olho no futuro
Não podemos ficar em cima do muro
A luta continua...
É impossível não sentir saudades suas...
Alguns momentos ficaram gravados
Quando estávamos lado a lado
O tempo passou... tanta coisa mudou...
Mas a memória guardou.
Um pouco do que foi o nosso amor
Marcado por desencontros e confrontos
Nunca chegamos ao mesmo ponto
Sobre a maneira de ver a vida
De viver o presente sem pensar em despedidas.
De andar com a cabeça erguida
De preparar um futuro com alicerces
De ter fé em Deus e viver em preces
Caminhar em frente e lutar constantemente
Para que as vitórias sejam frequentes
A frequência dos sinais
Não houve uma constância, jamais...
Não conseguimos ter a sintonia
A comunicação passou a ter interferências
E os desencontros geraram consequências
Nada é para sempre...
Tudo um dia acaba...
E as frustrações, com a rotina, desabam...

TEMPO

Gil Bhras

Teremos tempo?!
A essa altura, várias coisas podem acontecer
E só o tempo se pôs a nos dizer
Que o certo de antes, agora já não dá para saber.

Tempo! Que tempo?!... passado passou, passará!
Teremos tempo?!
De temperar nossa temperatura
Para depois, sem amargura, termos tempo de viver?

Teremos tempo?!
Tempo que, no momento atual,
Nos ventos trouxe o mal
Fazendo todos sofrer?

Teremos tempo?!
Será que o tempo dará meu lugar no tempo?
Contemplo o tempo, pois, só o tempo
Me dará a concretude de caminhar no vento.

LEMBRANÇA

Gil Bhras

O passado já se foi
E o futuro é incerto
Mas quero chegar lá
E te sentir por perto.

Tua alegria me contagiou
E lembrei da felicidade
Que vontade de o ter comigo
Para aliviar essa saudade

Procurei no dia de hoje
Palavras que fossem formosas
Com seu nome bem escrito
E encontrei no cheiro das rosas.

Pétalas caindo, vendo levando sobre a maré
Mostrando que a vida
Vem sempre livre como ela quer
De você só lembro do sorriso
Que me levou para o paraíso

Que encantada fiquei louca
As palavras feitas pérolas
Que saíam da sua boca.

TEMPO DE MENINA

Gláucia Montin

O tempo... Ah! O tempo!
O tempo que tatua minha pele com suas marcas e cicatrizes,
Também é o mesmo que escreveu minha vida de menina e suas bonecas.
Como o vento do passado faz lembrar os muitos sonhos,
Amor por cachorros,
Da bicicleta,
E das brincadeiras nas ruas,
Exatamente no tempo que eram possíveis,
Lá na calma e tranquila cidade do interior.

Saudade daquele tempo
Ou somente uma história
A girar como catavento
Envolto em minha memória.

PAUSA PARA O CAFÉ

Hare Piemonth

Bom é perceber que ainda é cedo
que existe Tempo para se perder com calma
saboreando os minutos que se arrastam pelos ponteiros
num movimento quase invisível
roçando os números preguiçosamente

O Tempo passa avoado, seguindo adiante e olhando para trás!

E sempre será cedo para esperar a noite
esperar o dia seguinte
esperar pelo sono
pela vela que ilumina o escuro com seu fogo eterno
mas que também vai dormir
e se apagar

Bom mesmo é aproveitar sem pressa o pouco tempo
como um gelo que derrete rapidamente ao calor que o envolve
adormecendo nossos lábios de frio
e depois de lembranças

O Tempo é um Todo para cada coisa!

Mergulhado no balé de seus movimentos orquestrados
com o sol que, imóvel, desliza acima das nuvens
e a onda salgada que penetra na areia escura
O Tempo passa ou passamos nós?

As águas no balanço do moinho
com seu épico movimento
eternamente desfalecendo
são presente e passado!

O Tempo que mora no limite do desejo
antes que o véu da rotina o torne invisível
move nossos pés pelos rochedos
sabendo que à frente existe a relva

Ele vive em nós e também nos arrasta lentamente
pelos inúmeros calendários que destacamos
sem sabermos qual será a última página
o último mercúrio retrógrado
nem o próximo feriado

Para o Tempo, o importante há de ser contemplá-lo!

ENCONTRO & DESENCONTRO

Helena Tekka

Precisei perder você para me encontrar
Precisei ver você em mim para perceber que havia me perdido
Um sopro no meu coração dizia que aquela figura sem
brilho não era eu
Passava em meio ao tempo em silêncio,
Buscando-me, resgatando o meu sentido
Clamava ao tempo para eu ter esse reencontro comigo,
de forma ilibada
A busca deu-se a continuidade,
a dúvidas,
embora com cessante contestação,
de que essa não sou eu
não sou assim,
essa não era EU!
mas você começa a florescer novamente e ninguém
consegue tirar o seu brilho
foi quando me reencontrei
quando voltei a me pertencer!

DESPERTAR DO SONHO

Helena Tekka

A noite vai finalizando,
em sua quietude a lembrança dos sonhos roubados,
Sentimentos inversos
amor sereno, constantemente perto,
se contrapõe ao longo do tempo
Mas o tempo é implacável,
Não espera!
Sinta o calor do abraço!
Enveredando os sonhos,
Que, de forma mansa, a saudade se torna implacável
A decepção é abrandada de tal maneira,
e a tão esperada coesão do coração
se projeta ao brilho misterioso,
Do seu olhar!
Deste modo,
seus sonhos repousam no doce esquecimento,
Para um novo despertar!!

NUVENS

Helloyse Marques

Azul-turquesa tu és
Dançante
E sinuosa
Envolvente e marcante.

Quando for saindo
Avise!
Ver-te-ei
Enamorarei.

Jamais deixarei
As lembranças voarem.
Talvez...
Vá
Como tudo se há

Porém
Os olhos
Antes vistos
Vendados
Estarão.

Acompanhe-me
Nesse bailar
Siga os passos
Dos véus voejar.

RIBAMAR

Helloyse Marques

Há momentos que nos perdemos
E nos deixamos levar...
Às 18h o sino a tilintar
É agora!
A hora do recomeço
Das preces
Vamos!
Se escute
O tempo é já
As pedras naquela barreira
Estão sendo encobertas pelo mar
Todos os dias.
Sabe o que eu olho?
Uma luz piscante
Distante...
Você chega lá
Basta atravessar
O barco espera
Você só precisa entrar.
Vá quando o Sol se põe
A visão é perfeita
Você verá
Nossa linda RibaMAR.

O MORTO DESABITUADO

Higor Benízio

Caso ouvisse minha voz,
Beijaria o tempo.
Estenderia as mãos,
Fingindo que certas palmadas,
Nunca levei.
Deito e choro,
Minto,
Desminto,
Trago e libo;
Na lembrança,
Metade que me cabe,
E não vale.
Um esquife que carrega a si mesmo,
Abole o mundo,
Atende ao vezo.
No homem: desmesura;
No tamanho: obstáculo;
No abraço: trapaça;
De resto,
Hoje.

O TEMPO E VOCÊ

Igor Alisson

Quando penso nos segundos,
penso nos detalhes.
Sejam os seus – sejam os da natureza.

Quando penso nos minutos –
olho também o tempo que passa
(ao nosso redor) e
nos faz querer ficar.

Quando reparo nas horas, nos dias, nos meses, nos anos e –
o que quer que venha –
penso nas possibilidades que o universo nos dá
pra que encontremos nossos sonhos.

Porque se o tempo não fosse o que é –
com o que pagaríamos os céus e o universo
pelas belezas que nos trazem aos olhos?

NOSTALGIA

Iramildo Castro

Sou de remoer o passado!
Sou de degustar de novo bons sabores da vida
Gosto do cuidado de que sabores amargos
Não retornem ao paladar
Mas asseguro a constância das delícias
Trabalhando em meus átomos
Alimentando minhas células.

Vivo de passado!
Com a cúmplice "memória de longo prazo"
Ela me garante a reprise de instantes irrepetíveis
Em circunstâncias que mais vale a pena apagá-los.

Sou guardião de momentos
Sou curador de relíquias
Momentos que não se repetem
Ambientes que não mais existem
Rostos que não são mais os mesmos
Pessoas que ora povoam outras dimensões
Outros corações.

PREMONIÇÃO

Iramildo Castro

Tenho um olho voltado para trás
Vivo o presente, apegado ao passado
Mas certa vez fui surpreendido
E no futuro vi meu caminho projetado
Não conseguia enxergar muito distante
Via o caminho interrompido logo adiante
E meu destino precocemente interditado.

Pensei e me preocupei com tamanha novidade
Queria saber o seu verdadeiro significado
Seria falta de enredo pra minha história?
Ou minha curta sina tinha prazo marcado?
Veio à cabeça tudo que vivi nesta Terra
E entendi que o general me retirava da guerra
Para preservar a honra do seu bom soldado.

SERENIDADE

Íria de Fátima Flório

A noite chegou
E tudo ficou
Mais escuro
Quieto, calmo.
Dentro de mim
A chama diminuiu
E tudo ficou
Mais triste
Quieto, calmo.
Quem sabe amanhã
Se o sol raiar
Dentro de mim
A alma reacenda
E tudo fique
Mais feliz
Quieto, calmo...

VÉU DE BORBOLETAS

Íria de Fátima Flório

Sento-me à beira da estrada da vida
O crepúsculo chega
Meu corpo exausto
Reflete as batalhas
Vencidas, perdidas
Meu rosto marca
Tudo que poderia ter sido e não foi
Lancei-me ao destino
Sabores, amores
Paixão, emoção
Dores, solidão
E nessa entrega alucinada
Ao amargo prazer de viver
Com a alma repleta de estrada
E o coração ainda cheio de esperança
Deixo que o tempo me leve
Como borboletas que planam diáfanas
Entre cores e leveza, viajo
Para onde? Até quando?
Quem sabe?

TEMPO

Isadora Perlatto

Quanto tempo o tempo perde
Esperando dar seu tempo?
De espera em espera, grão em grão,
A vida se faz presente,
O tempo carrega a mão
Das histórias que passam
Das memórias grudadas em mim.
São tantas, infindas.
Escolho as que posso levar.
O resto entrego ao tempo
Ele as joga ao mar.
Ou ao vento, ao sol.
O tempo está em tudo,
Ele é mestre, meu farol.
O tempo passa e eu também.
Espera que eu fique pronta
Espero que chegue ao fim.
Eu abraço o tempo
E ele a mim.
Por quanto tempo?

UM BRINDE ÀQUELE TEMPO

Jairo Sousa

Na passagem do ano,
estávamos quase entrelaçados,
sentindo o pulsar do coração,
o toque nas mãos,
o respirar veloz
que não disfarçava.
As mãos enlaçadas
às margens do rio,
saudando o novo ano.
Era o 2001 despontando,
driblando os olhares,
libertando da solidão
aquelas almas,
puras almas,
propensas ao amor.
Aquela cena virou arte.
A noite, luz,
o tempo congelado,
caliente desde então!

TEMPO DE PRIMAVERAR

Jairo Sousa

O rio se acasalou com mar.
A criança correu em direção ao seio da mãe.
O canto do sabiá ecoou na floresta.
Era primavera.
As flores,
as cores,
os amores
encantavam os olhares.
Era tempo de celebrar
a vida,
a união,
a felicidade.
Aliás,
primavera está em todo o tempo.
O tempo é sempre presente
em algum momento.
É tempo de primaverar em todo tempo
a alma,
as atitudes,
os encontros,
os amores...
Primavere-se!

ENTREGA INCERTA

Jaqueline da Silva Sousa

Ah, não via a hora de sentar e lhe escrever.
Há dias sinto esta necessidade insana de desabafar,
como se pela escrita
dar notícia de a quantas anda meu ser.

Um sufocamento,
uma urgência,
um grito seco que ainda precisa sair.
Há dias chegou-me o prenúncio de sua finitude
as palavras falharam terminantemente
e não tardou para anunciarem tua ausência.

Ocorreu-me agora que não sei a quem devo endereçar minha dor.
O que será feito com o que outrora foi vivências de tanto amor?
Melhor mesmo é rasgar esta missiva
arrancar sua ausência
sua história da minha.
Rio agora de mim mesma,
Como se tal proeza fosse possível.

Melhor mesmo é findar esta carta.
Lacrá-la envolta do envelope em branco
e o entregador fará o trabalho dele levando meus sentimentos a você.

DESTEMPORAR

Jeferson Ilha

Uma vez o tempo era tempo
Construído e vivenciado.
Hoje o tempo é destemporal
Tudo já se inicia com atraso.
Corremos. E por mais rápido que sejamos,
Não alcançamos mais o tempo.
O humano em nós desestabilizou-se.
Substituindo o tempo
Pelo imediato consumo do ser.
E o ser que continha, não mais o tem.
Descartável, descartou o tempo
E o tempo, com o tempo, destemporizou.

FINITUDES

Jeferson Ilha

Não mais caminhadas que construíam o tempo,
Apenas o trânsito que o desvirtuou em fluxo.

Não mais os caminhos floridos e cheios de vida,
Apenas a pressa da chegada.

Não mais a vida, passo a passo, na imensidão do ar livre,
Apenas os símbolos do não tempo virtual.

Era uma vez... o tempo
Uma vez... o tempo era
Era o tempo uma vez...

O tempo e a vida se desconectaram
De tempo e vida.

GRÃOS DA VIDA

Jéssica Rufino

Sonho que agarramos com amor. Futuro...

Quando à noite olhamos as estrelas e vivemos em planetas distantes.

Há de se ver os dias rolando nas areias da ampulheta,

Desejar ter o dom de Deus...

Comandar os grãos da vida.

Nada é capaz.

Mas a mente vai, o coração impulsiona e voltamos no tempo.

Quando as flores colhidas e as brincadeiras no quintal eram possíveis.

Época em que o cheiro do abraço era real, Pai, saudosas memórias...

Preciosas histórias, mosaico colorido.

Que poderosa a Morte desbota.

Tempo que não se apaga.

Oportunidade de criar, cheirar, ouvir, tocar, experimentar – Amor,

Antídoto do tempo, cola mágica da memória, transporte seguro para o passado.

Entre memorias e sonhos...

Amanhece, céu claro ofusca estrelas, olhos brilham, sonhos – futuro.

O café perfuma o espaço e avisa, volta embrulhado sobre a mesa um grão de areia.

O TEMPO... AGORA!

JJSantos

Sabe aquela mão amiga de que você tanto se gaba?! Estenda...
Com o tempo, o tempo acaba... entenda...
Com o passar dos anos e a chegada da idade
Mudam-se os planos, vão-se as oportunidades
Sabe aquele futebol que você deu desculpa e não foi?
Pois é, se foi
Aquele amigo de escola, aquela antiga namorada, os primos, avós, tios e tias?
Ahhh... viraram lembranças de um dia!
O domingo de Missa, você com preguiça, perdeu a oportunidade,
de ver Deus falando na boca do padre
E não imagine que, por esse motivo, nosso Deus vivo não tenha visitado o pastor
Sim, Ele foi e lá também Ele falou
Ainda daria tempo pra aquele churrasco à tarde, celebrar a vida e as amizades
No antes, no ontem, acerte seus passos à frente
É a caminhada ensinando a gente...
Se é pra amar, se existe hora, esse tempo é o agora!

PASSA TEMPO

JJSantos

Passa tempo, passa tempo, passa...
Seja, então, voraz ou lento
Passe o tempo que passar
Em mim, saudade é fermento
E o amor só faz aumentar
Você em meu pensamento
É querência , é presença, é amor, é amar
Passa tempo, passa, passe o tempo que passar...

TAPA NA CARA DO TEMPO

João Luzia

Quem te disse que ele é estático, mentiu...
Quem te disse que ele não para, só tentou te iludir...
Ele é tão veloz e implacável que mesmo sem asas voa imponente...
Não pense você que conseguirá detê-lo usando quaisquer que
sejam os artifícios, tais como relógios, calendários, ampulhetas etc...
Porque ele tem a manha de nos surpreender em repentinas aparições;
num repente adormecemos, e quando acordamos,
o agora se foi; é sempre mais tarde ou mesmo amanhã...
Não é possível fotografar suas pegadas,
ou os seus sutis deslocamentos;
Primavera, verão, outono e inverno aparecem e somem...
Ou num piscar de olhos algo sai do lugar...
Alguns ousam contar os segundos dele para,
ilusoriamente, sonhar que o catalogaram;
mas ele é esnobe e sinaliza que isso foi anteontem ou ontem
e que no hoje são somente lembranças;
Pois ele está novinho qual folha branca...
Acorde! Não lamente o que passou!
Quer dar um tapa na cara do tempo?
Aproveita o momento, VIVA!

HORÁRIO DE VERÃO

João Luzia

Qualquer dia desses acordo azedo,
Mudo o mundo, surto-me de loucura...
Jogo uma corda na lua, enforco o sol,
Apago nos mares da vida as chamas solares ao amanhecer
E trago à terra uma noite antecipada.

Qualquer dia desses protesto solitário...
Não aceito tranquilo e cauteloso a imposição governamental
De alterar meu relógio, atraso o danado por minha conta!
Estabeleço meu próprio "cronos" e danifico a estrutura de outros
Que venturosamente aguardam minha chegada.

Qualquer dia desses capricho na crítica e no desmazelo,
Detono o horário, quebro os ponteiros,
E deixo meu tempo correr normal...
Livre, solto, ao vento natural!

25 HORAS DE HOJE

João Odalí

Não desejo a chegada do amanhã,
Estou namorando com o hoje
Não venha, não chegue
não impeça que eu aproveite
esse dia que se destaca entre todos,
Que trouxe para perto tanta gente
as quais habitavam somente minha mente
à deriva em meio a lembranças, desejos, saudades
encho de afago todos entre os meus braços
doces abraços que há muito queria ter
e hoje eu tive, ainda vivo sonho,
Dos que conheço agora, não vejo a hora
de ter várias histórias para contar,
Para cada novo conhecido, sinto ter nascido
Uma nova estrela a brilhar
e nessa constelação do agora
me alegro e me encanto
com o quanto hoje está perfeito.

QUARENTENA

João Odalí

Da aurora ao ocaso do dia
Chora o relógio que calado sofria.
Ainda ouço o som dos sorrisos
E o calor dos abraços,
É tão amargo o vazio desse espaço
Mas nada quebra nosso forte laço.
Fico então sozinho com as lembranças,
Acompanhado de uma machucada esperança,
Enferma do medo que rodeia sem dar sossego.
Porém não esqueço os momentos ou ensinamentos,
Nenhum deles o tempo leva.
Junto com aqueles que amo
Se vão pedaços de mim,
Não importa onde estejam,
Nada muda o que o bem que desejo
Ou a saudade sem fim
Até porque às vezes viver tem um certo preço.

SENHOR TEMPO

Joelma Queiroz

Tempo, senhor das descobertas e das verdades provisórias
que o próprio tempo desnuda e refaz.
Tempo que permite a viagem às entranhas e a percepção da imperfeição,
da hipocrisia e da arrogância desmedida,
abrindo caminhos para a renovação e a construção de paradigmas
rumo a um novo despertar.

Tempo de servir e tempo de amar.
Tempo de sonhar e, na maturidade,
parir opiniões e registros de uma jornada.
Tempo de gerar seu próprio embrião da consciência de sua força vital
que fortalece o amor-próprio, a sensibilidade e a gratidão de Ser.

Tempo de incertezas, ansiedade, depressão.
Pandemia de desequilíbrio e desunião.
Tempo que reserva a esperança, a confiança de marcas, dores, amores.
Tempo, senhor das andanças e das intempéries.

Tempo Infinito, poderoso e supostamente cruel...
Àquele que não permite a parcialidade, a injustiça, a insensatez.
Tempo que desnuda o que há de providência
Abre portas à sabedoria e dá adeus à ilusão.

INTENTO

Jonatan Silva

Quis, num poema,
contar da vida inteira
do tanto que sabia
de tanto que vivera
Nisso, pois, dedicado ocupou-se,
fez pesquisa
meditou
tempo
tanto
tempo
que o tempo não mais se contou
a noite já não havia
mesmo que escurecia
e a busca, ela mesma, veio a ser poesia
Viu que a vida e o tempo,
num poema, então não se cabiam.

O TEMPO ENVELHECE O RELÓGIO

Jonatan Silva

Por um tempo
o relógio marca o tempo
marca, mas não para
não para e não volta
não volta, nem avança
o tempo envelhece
o relógio que o acompanha
sem amarras
a constantes
e firmes passadas
percorre as cidades
caminha nos campos
veste flores
em todo canto
senhor e servo
defensor e juiz
o tempo de tudo
é o tempo que diz

PONTEIROS

Ka Rainha

Os ponteiros do relógio avançam inexoravelmente
E sinto que o melhor de mim está se esvaindo
Ontem eu era só uma garotinha sem nada a perder
Hoje sinto que cada vez mais estou me perdendo, e é
De mim mesma
O amanhã chegou porque ele sempre chega, e eu nada
Posso fazer para evitar isso.

Os dias passam, ora lentamente, ora vorazmente
E eu continuo aqui, tentando me equilibrar na corda
Bamba da minha vida

Será que consigo?
Será que dou conta?
Uma vez alguém me disse que eu poderia ser o que
Eu quisesse, desde que eu me esforçasse muito
Eu acreditei nessas palavras
E sabe no que eu me transformei?
Em nada.

E os ponteiros do relógio continuam fielmente
Executando o seu trabalho de marcar o tempo
O meu tempo.

INFÂNCIA

Ka Rainha

Fase gostosa da vida em que a única preocupação que se tem
São os deveres chatos da escola
Chegando em casa, comidinha pronta, roupa limpa e cheirosa
Carinho, beijo e abraço de mãe
Amor que reflete em tudo que faz

Mas a vida passa, os filhos crescem e o tempo não espera
Tudo fica na lembrança, pois a realidade a todos alcança
A mãezinha continua ainda no mesmo lugar
Mas o filho cresceu, bateu asas e voou
Só que para sua mãe ele será sempre criança

E em sua mente as lembranças fazem morada
Lembra do tombo que só o beijo de mãe curava
Do pesadelo que só o abraço de mãe espantava
E da comida caseira que só essa prestava
Pois era feita com todo amor e carinho

Sozinha em casa e tendo por companhia as lembranças
De quando era necessária, amada e feliz
A mãezinha continua a esperar a volta de seu filho da escola
Mas no fundo ela sabe que isso jamais se repetirá e a
Solidão é a única a lhe fazer companhia.

POEMA 01

Kermerson Dias

toda saudade
já foi um presente
muito bom.

POEMA 02

Kermerson Dias

joguei fora
restos de passados
e velhos sapatos.

se já não me cabe,
me desfaço

TEMPOS DE AMAR

Leonardo Domingues

São tempos de amar.
Amar o que se foi, o que virá
o que a vida provê e o que o destino nos dará.
Amar as diferenças, tal qual as igualdades,
porque, em tempos como estes, o que
nos resta a não ser nos doar de verdade?

Tempos bons são aqueles que em fotos não são eternizadas,
Porque em lembranças, de amor, nunca as deixaremos ser apagadas.
O amor é assim, traça rastros na memória,
Em tempos escuros acende uma vela e muda o rumo da história.

São tempos de amar.
Tal qual são tempos de doer,
Porque as feridas que a dor causa pra nos ensinar
são cicatrizadas com o tempo
Curadas com ensinamentos,
Sendo todos aqueles que nos ensinam a simplesmente amar.

SOMOS RESTOS

Leonardo Domingues

Talvez não importe o que somos hoje,
Porque amanhã já não seremos mais.
Somos resto daquilo, amor,
Que o tempo já deixou pra trás.

Você é resto daquele tempo em que disse que me amava,
Mas como se essa fosse a única verdade.
Eu sou o resto daquilo que amava,
Mas sem as mentiras das suas falácias.

Bons tempos eram aqueles que eu amava de verdade,
Estar apaixonado é gostosinho, né?
Nos mostra lados da vida que não conhecemos
Quando nos fechamos a nós mesmos por fragilidade.

Frágil é a idade em que descobrimos que a vida já passou,
Que as canções de amores se esfriam,
Que a batida do cavaco já se acabou.
Somos restos de músicas escritas,
Que o autor guarda no fundo da gaveta por já ter acabado o amor.

FERROVIA

Letícia Ruiz de Albuquerque Costa

Caminho sobre os ferros
Dos trilhos sem destino
Eternamente perdidos
Com meus olhos vendados

Ao pôr do Sol não terei medo
Encontrarei o infinito
Viajando entre os mundos
Criando em minha vida um sentido

Me deitarei sobre os gramados
Sonharei nos campos floridos
Ao nascerem raízes do meu corpo
Saberei que realizei meu objetivo.

CIGARRO E DOCES

Letícia Ruiz de Albuquerque Costa

Sentada na nuvem
Comigo trago o cigarro
Cigarro que não trago
Mas dele faço uma nuvem
Da nuvem arranco um pedaço
Pedaço de algodão doce que me engasgo
O que era cinza
Agora vejo em cores
Então eu deito na nuvem e sonho com flores.

TEMPO PERDIDO

Lilian Melo

Fico aflita
Penso em minha vida
Horas a fio no trabalho
Enquanto a vida está a frangalhos
Tempo perdido

A família fica esquecida
A vida sempre sofrida
O trabalho horas a fio
O eu sempre esquecido
Tempo perdido

A mudança sempre necessária
A vida será renovada
O eu será liderança
A família deve-se importância
Tempo, tempo, o que tem me ensinado?

O trabalho deve ser estipulado
A família ter um tempo reservado
O eu sempre revigorado
O tempo deve ser aproveitado
Tempo perdido, jamais recuperado.

ENSIMESMAR-SE

Lilian Melo

O tempo sempre a mostrar-me
O significado de ensimesmar-me
A vida é um sopro
O tempo um consolo

Das vivências trago o afago
Recomeço e reconheço
O tempo é o mestre
Com o tempo... você se reconhece

Ensimesmar-se é o lema
A vida é um dilema
Tempo... Tempo... Tempo...
Entre o eu e os momentos

Entre si e os pensamentos
O tempo e os ensinamentos
Desse mundo, vários contratempos
Ensimesmar-se nestes momentos.

ESTADOS DE FELICIDADE

Luciana Vasques Sanches

Me disseram que para ser feliz neste mundo,
Eu deveria plantar uma árvore,
escrever um livro,
ter um filho,
e eu teria plenitude em tudo!

Porém, quando decidi plantar a árvore,
Veio um homem sem coração e a cortou, meu coração sangrou de tamanha atrocidade...
Quando decidi escrever o livro,
o editor não gostou, pois preferia um escritor mais conhecido...
E quando decidi ter um filho, descobri que não poderia tê-lo, e tudo abortou na minha medíocre vida!

Por que para ser feliz temos que seguir uma receita? Valha-me, Deus!
Sou um ser humano que a felicidade busca! Decidi que irei lutar contra essa sociedade abrupta por sequências na vida!
Quero participar da vida...

Quero ser a vida! E não necessito seguir protocolos, cuja humanidade decida avidamente o que você tem ou não para fazer!
Que seja sempre eu o precursor da minha senda, pois já me basta o linear do tempo, esse sim meu oponente maior que descobri.

ONDAS DO TEMPO

Luiz Juvencio Cardoso Quaglia

Talvez um
fantasma cego, ou
um ciclope de lendas,
irreconhecível nas brumas
embarcou em um sonho,
viajou lugares de
desejos imaginados,
visitou casas de
sereias dinamarquesas,
navegou mares de
ondas mágicas e
mecânicas cíclicas,
quando uma pequena
alegria do olhar
vagou no tempo e
descansou nas areias
do mar,
no amor adormecido.

Salvador, 1º de junho de 2020.

MEMÓRIAS FRÁGEIS

Luiz Juvencio Cardoso Quaglia

Imerso nas observações adversas, dos
espíritos da escuridão e fantasmas nas nuvens, vejo
luzes de eclipses e sinais quase invisíveis das
tintas do tempo, e sei,
quando olhasse as estrelas por milhares de anos, e
sei que elas se entreolham com dores de amor, e
ouvisse a voz linda da amada que ouço nas lembranças
cósmicas, e se traduzisse a linguagem do infinito, mas
não a entendo.

Esqueço os fragmentos
nas memórias frágeis de dias simples,
mas se o tempo espalhasse as poeiras
nas horas findas do dia misterioso, transbordado da
antevisão invencível
das circunstâncias da vida,
contornaria com a minha bússola da alma
as distâncias possíveis, e
encontraria um pescador celestial, e este
fisgaria versos de alegria e de amor.

O tempo, agora calmo,
dormiria em paz comigo.

Salvador, 3 de junho de 2020.

NÃO HÁ TEMPO

Lurdinha Alencar

Tem gente que apressa tanto o tempo,
Que não tem tempo nem para si mesma.
Não há tempo
Para a criança estudar direito,
Para o adolescente decidir o que fazer.
Não há nem mesmo tempo
Para o jovem saber
Que não deve usar drogas,
Ou até para aquele adulto
Decidir qual dos muitos caminhos deverá percorrer.
Não há tempo para o tempo.
Será que somos reféns do tempo?
Como deixamos isso acontecer?
Se não há tempo,
Criemos um tempo.
Não um tempo qualquer,
Mas um tempo de esperança e solidariedade.
Pois o nosso tempo é muito precioso
Para que o percamos
Simplesmente com coisas banais.

TODAS AS FERAS JÁ DOMADAS!

Magno Assis

O futuro se faz
Na apreciação do sol
Em cada amanhecer

No olhar toda solidão
Dos sonhos não realizados

E lágrimas noturnas
Pelos quereres abandonados.

UM PRESENTE SEM FUTURO

Magno Assis

Foi o tempo
Que matou as rosas
E nos deixou os espinhos

Hoje já não há
Carinhos
Ou mesmo caminhos
Para trilharmos a dois.

Tudo ficou
No depois
E o amor
Cansou
Cansou de esperar
Pelas rosas.

Hoje
Não há lua
Não há rua
Apenas ilusão.

E dois corações
Sangrando
Na solidão.

Foi o tempo
Que plantou espinhos
E matou as rosas.

Porque deixamos
As ervas daninhas
Matarem nosso jardim.

CICLO

Maikson Damasceno Fonseca Machado

ontem
juramos que não seria assim
acendemos os últimos cigarros
morremos mais juntos que vivemos
precisamos partir

anteontem
naquela manhã que beijei meu pai
e abracei minha mãe
depois de beber café e de me despedir dos azulejos da parede
da pia
tudo parecia fazer sentido

hoje
tive a mansidão do seu colo
seu sorriso não mais pareceu erguer um sol
meus pais nunca foram bons de conselho
na verdade eu que nunca os ouvi

agora
sigamos com o que de bom nos restou
nunca houvera flores abaixo dos nossos pés
pareceu valer a pena por tudo que poderíamos ser
incontinente não vivemos o nosso melhor

FASES

Maikson Damasceno Fonseca Machado

pela **manhã**
aninho meu corpo no teu
vejo-te crescer em mim
abro-me em tuas mãos
largado fico

quando cai a **tarde**
escutamos a moça no rádio dizer
que o tempo é veloz
preguiçosamente pergunto o porquê
"a vida é efêmera" – respondes
preguiçosamente, desperto

a **noite**
meu peito parece abrandar
acredito que estamos começando a morrer
talvez seja essa noite
apagando os "sóis" que conseguias erguer ao sorri

TEMPOS MELANCÓLICOS I

Marcel Esperante

O tique-taque do relógio
revolve o ar sombrio

A geladeira ronrona
cortando a noite fria

O fogão crepita sutilmente
torneiras pingam

[livros]
repousam solenes em prateleiras

Há diálogos secretos & intervalos no sono
telas pálidas iluminam minha face

Apago a luz, prefiro a penumbra

[no porta-retrato]
Saudade

Olhos repousam, solenes,
Na prateleira das órbitas

há túmulos
de silêncios

TEMPOS MELANCÓLICOS II

Marcel Esperante

Entre margens
&
engrenagens
Melancolia vertical
À sombra
sob o pêndulo
do
relógio abismos
Vida tênue
confissões
pressentimentos, presságios, prelúdios

O êxtase do olhar
Ontem talvez
a pele transparente
evapora

Outono não ainda
Tempo & suas invencíveis

traquitanas
de
Silêncios.

O PRESENTE DO TEMPO

Márcia Azevêdo

Passaram-se cinquenta anos
E o rodopio das horas na minha cabeça
Não vi o verdadeiro amor chegar em minha vida
Nem vi o mar, tampouco andei descalça em sua areia
A flor desabrochou longe dos meus olhos
E o tempo passou sem que eu me desse conta
E nestes dias dou os primeiros passos
Lanço-me no mundo
Busco alcançar o amor perdido
Naquela que miro no espelho,
No sal e nas ondas do mar
Busco ouvir o canto dos pássaros e mirar a lua
Sabendo que o tempo perdido não volta
Mas que o presente do tempo é o agora.

O GUARDIÃO

Márcia Azevêdo

O tempo nos ensina
que nada sabemos,
que nada podemos,
que nada prevemos.
É o dono da vida e da morte,
das horas, das dores
e dos amores perdidos.

O tempo é guardião de tudo
e tudo a ele pertence.
Quem só vive esperando que ele passe
para viver os sonhos,
pisar na areia e contemplar o mar,
já está há muito perdido.
Pois o tempo é agora.
Não é ontem,
nem hoje,
nem amanhã.

UM BRINDE AO TEMPO

Maria das Graças Moura

Um brinde ao nosso tempo
É preciso que se faça
Por dele ser o comando
Da alegria, da desgraça
Deveras imprevisível
Mas a ele ergo a taça

Por mais um ano vivido
Temos que agradecer
Até pela pandemia
Que também nos fez crescer
Vacinas estão por vir
Para a vida proteger

Tempo, responda pra mim
Veloz, sem titubear
O que pretende fazer
Quando esse vírus passar
Vai acalmar-se de vez
Ou vai a vida agitar?

DOU GRAÇAS AO TEMPO

Maria das Graças Moura

Não nego, sinto saudade
De tempo bom e ruim
Eu lembro das alegrias
Amor que chegou ao fim
Saber que sobrevivi
É o meu presente, enfim!

Sinto saudade de tudo
Do meu tempo de criança
Eu era só alegria
Esbanjava confiança
A menina que eu fui
Vive ainda com esperança

Ao tempo eu agradeço
E a ele quero saudar
Sou grata e reconheço
A importância de amar
O tempo é meu professor
Vou sempre a ele brindar.

MOMENTOS

Maria José de Oliveira

O tempo é um soprinho,
Um movimento fininho.
É ter todos os caminhos
E se pôr a caminhar...
É querer ficar pertinho
Do céu, da terra, do ninho.
É ir...
Sem ter mais como voltar.

Sempre em busca de aventura
Ele é menino levado
Correndo com seus brinquedos
Subindo e descendo sem medo,
Querendo um sonho encantado.

Veloz como o pensamento
Encontra um encantamento
E em muito pouco tempo
Já se cansou da aventura.
Agora só quer ternura.
Colo, calor e acalanto,
O menino brincou tanto
Que nem viu a travessura.

O relógio foi veloz
A pipa, a bola, o pião...
Já é só fotografia.

ANTES QUE ANOITEÇA!

Maria José de Oliveira

Eu quero florescer
Ver o sol nascer
Cuidar dos meus laços
Refazer os traços,
Espalhar abraços!
Redesenhar caminhos
Oferecer carinho.
Ouvir...
Sentir a leveza
Da brisa no entardecer.
Crescer, crescer,
Viver...
Antes que anoiteça!

TIRARAM-ME OS SONHOS

Marian Koshiba

As páginas do meu futuro
Não estão cheias de rascunhos
Atropelando-se os desejos
E os intentos absurdos
Acotovelando-se vontades espalhafatosas
Narrando seus enredos fantásticos
Para ganharem o pódio dos sonhos.

Estamos num tempo de espera
De incerteza extrema e garantias ruindo;
De distopias malucas espreitando
Com seus sorrisos podres
Pelas janelas do nosso horizonte.
Estamos naquele meio instante
Em que não se é e não se há
Mas também não se deixa.

O presente desmantela
O intangível imaginário
– Como seguir caminhando
Se a força do mundo são os homens
E a força dos homens são os sonhos?

ECO

Marian Koshiba

O passado de histórias
Que não vivi
Alimenta minha alma
E me mantém viva.
Sentimentos forjados
– Ourives da imaginação –
Decoram um coração
Cansado de não sentir.

Minha solidão sai em busca
Das melhores partes de mim
Que cada amor levou pra si
Mas só retorna com desprezo.

O eco só ressoa no vazio
E meu peito é deserto;
Vocaliza o futuro incerto
Replicando um passado
De amor sem êxito.

MEMÓRIAS

Marlene Godoy

Dias difíceis de saudades incontidas
Presa na memória
Em busca do amor de tempos idos
Que vazio deixou a minha história.

Hoje já grisalha
Apesar de toda a maturidade
Que o tempo me trouxe
Sem que eu pudesse evitar.

Lembrar-me de você, meu doce amor
Enche-me de saudades e curiosidades
Como pode ter sobrevivido
Longe dos momentos quentes
Em que o amor adolescente
Proporcionou-lhe de forma doce as fugas.

Hoje eu querendo mais
Reviver em lembranças e pensamentos
O gosto doce do seu beijo
Que enchia o meu corpo
De prazer e desejo
Nos momentos quentes, entregue ao desejo de te possuir.

TEMPO!

Marlene Godoy

Tempo culpado!
Dos bons ou maus resultados
Dos acontecimentos da vida

Tempo responsável!
Pela germinação da semente
Do nascimento de gente
Onde um ciclo se inicia

Tempo amigável!
Quando tudo é favorável
Conforme a nossa vontade

Tempo vilão!
Onde tudo é comoção
Quando um ciclo termina

Tempo conciliador!
Quando cura a dor
Através do amor

Tempo!
Que voa sem olhar para trás
Nos meus ouvidos ecoam
Hoje é tempo de paz!

QUESTÃO DE TEMPO

Nã Bu Di (Antonio Elias De França)

Há tempo em que 'tempo' é maior que 'o tempo'
e tudo cabe no 'passatempo'.
Nu pas sa o tem po.
Ganha-se tempo medindo a sombra
As sombras são # assombração
e sobra tempo pulando corda,
se acorda e salta sem so bres sal tos;
come-se pão, bebe-se chuva, vive-se tão!
se saltar tudo, se todo o tempo, tempo se enrola,
rola-se até no duro chão.

'O tempo' é igual a 'tempo' em tempo fim, de escuridão e calmaria.

Nas quase findas horas desérticas, sobras de faróis dos lerdos passeando, pacientes, arrastando a solidão e viuvez deixada pelos tantos apressados que se embrenharam nas profundezas de seu cansaço.

E em tempo igualmente igual, começo de luz e estardalhaço, o apito do trem rasga o sossego num segundo, segunda-feira, feiras ferozes, asfalto, fatídicas faces, inúteis, anunciando pacotes, pacatos calçados, calçadas, vai e vem.

E em tempo-cão, que se mede, salta, corre, passa... 'o tempo' é menor que 'tempo'.

Que tempo caro encaro, em carro, (es)corre, correndo em vão, na confusão... quão vão medir?, se assim passar, nesse compasso do passo em dobro...

dobrando vago, sem vaga alguma, se é vaga-mundo...

mudando o passo, sem paciência, se finda o dia, cai-se na cisma, cisma-se à noite, o tempo-rola, o corpo-bola, todo acamado,

ca ma a ma ci a

e amassado se perde o tempo

nas infindáveis crises de sono ou insônia.

Por fim, 'o tempo' é 'fora de tempo', quando ainda se tem todo 'o tempo' para pensar que já não há 'tempo'.

Tempo de procurar na lembrança o que se deixou perder no esquecimento; o sentido do que se ganhou, enquanto se ia ficando perdido de tudo que tem sentido

e se lamentam as chances desperdiçadas por falta de tempo
e se padece o tempo desperdiçado por falta de chances
e se continua perdendo...
as chances
o tempo.

TEMPO DE NATAL

Nanci Otoni

Tempo de Natal...
O que dizer desse tempo?
Tempo do advento
Da espera por um nascimento
Tempo de muito encantamento!

Tempo de Natal...
O que dizer desse tempo?
Tempo de agradecimento
De doação e de entendimento
Tempo de muito desprendimento!

Tempo de Natal...
O que dizer desse tempo?
Tempo de interiorização
De riso e de glória
Tempo da grande vitória!

Tempo de Natal...
O que dizer desse tempo?
Tempo de discernimento
De aprender e de crescer
Tempo de muito reconhecer!

Tempo de Natal...
O que dizer desse tempo?
Tempo de esperança
De fé e de aliança
Tempo de muita confiança!

Tempo de Natal...
O que dizer desse tempo?
Tempo de nascimento
Do Menino Deus
Que veio arrebanhar os filhos teus!

ERA MAIS

Pamella de Paula

Era doce.
Tinha cor de chocolate e sabor de tutti-frutti: um gosto que se perdeu tão rápido,
depois de breves mastigadas.

As tardes eram alaranjadas: um dia por causa do pôr do sol,
outro pela beleza da cortina,
que balançava figuras desenhadas.

A programação era padrão: muitas vezes repetida, mas às vezes se perdia,
na desatenção ou na frente da televisão.

Os pés mais livres;
As mãos mais coloridas;
Os olhos mais risonhos,
E os sonhos eram mais... só mais.

Também era fofo.
Tinha textura de pelúcia e toque de aconchego: daqueles que só encontra uma vez,
capaz de nos confortar completamente.

O "Era uma vez" me visitava todas as noites: ora vestido de príncipe, ora trajado de sapo;
seus enredos contornavam cada canto da minha mente.

A imaginação era o patrão: comandava a rotina diária e perseguia seus chefiados;
no despertar começava e só com a lua encontrava a última inspiração.

O jeito mais solto;
O corpo mais leve;
O espírito mais livre,
E as horas eram o de menos, pois o Tempo era mais... muito mais.

TEMPOS DE REENCONTROS

Patrícia Adjokè Matos

Encontros e reencontros
No tempo
Marcas de areia na ampulheta
Giram
Gira no tempo
Ir e vir de espumas ao vento
O tempo voa e não perdoa
Contraria
desvairia
Magoa, mas cura
Jamais imaginei que o tempo te traria
Por isso dizem:
Dê um tempo
Espere um tempo
Tempo, tempo, tempo
Muitas vezes não aguento
De saudades me arrebento
O meu rebento
É bento
Sempre bendigo o bendito
Não lamento o tempo
Pois quem de tempo será, tem que ser
Tempo me temperou com dendê

IDAS E VINDAS DO TEMPO: ZARA TEMPO

Patrícia Adjokè Matos

Quem de tempo será
Tem de Ser
Na ampulheta
Presa como areia nunca estará
O tempo seduz, conduz, induz
De sorte que nunca tenho pressa
Caminho lado a lado com o tempo
Amigo inquieto e conflituoso
Que desperta todo meu desejo amoroso
De versar, conversar, com – versos
À poesia me presto
E contemplo o tempo que vem... que vai...
Tal qual as ondas do mar
Oh, tempo que roda e gira no compasso da vida
Em um ato no centro do palco
Tempo, tempo, tempo
Silêncio
Recortado, fatiado
Escorrega entre os dedos
Como areia de Via Láctea
O que já foi, já era,
Pois nesse tempo fazia poeira
Só te peço: não puxe a ponta da minha orelha
Tenho seguido devagar cantando a canção "levo esse sorriso, porque já chorei demais"
As marcas do tempo revelam quem sou, quem somos, quem seremos
É longa a estrada, a caminhada, mas sempre há tempo.

ENTRE PORTAS E RETRATOS

Pietro Costa

Rostos simpáticos, risos desconcertados, eventos festivos
Vestígios do passado batem à porta e deixam retratos
Ao gerúndio pertencemos conjugados em ato contínuo
No verbo cantado pelas musas, litígios e legados

De Zeus herdamos a propensão à grandeza, ordem e justiça
De Mnemósine a expressão do belo consagrada pela arte poética
Religados ao etéreo somos quando celebramos a beleza da vida
As fontes do Monte Hélicon jamais secam para as almas inquietas

Atenção às filosofias que promovem apego e crenças vãs
Diacronia e escalonamento, ilusão e sentimento
O milagre da vida renasce na aurora de cada manhã

Viremos a ampulheta refletindo a temporalidade que nos habita
Promessa e esquecimento, gratidão e descontentamento
No trespassar das horas entre desvios de rota e lutas renhidas.

O TEMPO DO SER

Pietro Costa

A linguagem é a minha morada
O universo inteiro na antessala

Não há grades instaladas nas janelas
A moldura dos instantes me encerra

Não sou definível por dogmas
Pois sou cultura e sou história

O verão não sorri em toda estação
Há invernos, espasmos e contrição

As horas oscilam em seus humores
O sol a acender e esconder rumores

Inscrito em círculos hermenêuticos
Rabisco meus desenhos imperfeitos

Criança atenta aos rumos da vida
Aventuras e desventuras fugidias

O mar bravio é que me atravessa
Na torrente das palavras incertas

Existo no tempo de sentir e ser
Sou um discípulo de Heidegger.

FÉ NA VIDA

Poeta Antônio Galvão

Dê a sua vida / O sentimento verdadeiro
De vossa Alma / Abraça seu coração
Traga ele bem pertinho
E diga o amor que / Sente por ele
Deixe fluir o carinho
Deixe o afeto entrar / Deixe a vida te amar
Abra a porta do coração
Deixe sair as perdas, mágoas,
Inverdades e ingratidão.
Deixe entrar / A brisa suave / A melodia doce / O sol quentinho
Vem dialogar com a gente
Do bem, da ternura e / Da humanidade
Aproveite hoje
Ainda que as pedras / Nos ombros deixem
Suas marcas / Hoje é importante dia
Para reconciliar com Deus
E seu sensíveis coração.
Vá com fé / E as mãos amigas dos
Amigos / Jornada peregrina da
Vida

YouTube: TV POETA & POESIA

O TEMPO ME TRAZ A IDADE

Poeta Benevides

O tempo me traz a idade
Com as lembranças ao meu lado
Me recordo do passado
Quando em minha adolescência
Hoje com mais experiência
Curto o sabor da idade
Se algo me traz saudade
É por que foi bem vivido
E o tempo amigo querido
Que traz a maturidade
Minha aparência mudou
Meu rosto revela em rugas
O que as lembranças em fugas
O passado me deixou
O bem que o tempo causou
Em sonhos de liberdade
Foi o avançar da idade
E experiências acumulando
Quando vejo o tempo passando
Acumulo mais saudade.

EMMANUEL DE SOUZA BENEVIDES

O TEMPO EM MINHA VIDA

Poeta Benevides

O tempo é uma seta
Bem na minha direção
Que mira a minha mocidade
De mim ele não abre mão
Deixa marcas no meu corpo
E lembranças no coração

O tempo me deixou marcas
Como rugas e cicatrizes
Imagens de um passado
Onde fui muito feliz
Presente que denuncia
O que da vida aprendi

O tempo é uma estrada
Que estamos a percorrer
Cheia de variações
E pedras para remover
Por mais que tiremos pedras
Outras vão aparecer.

EMMANUEL DE SOUZA BENEVIDES

ORIGAMI

Raquel Pereira Carvalho

Colagens de versos passados
O que sobra na dobra do tempo
É tempo para fazer mais versos

Assim esqueço e relembro o passado
Passa tempo, passa hora
Você é pretérito perfeito no céu de outrora

Não vejo a hora de a tua imagem ir embora
Assim nasce outro céu, nova aurora
Passa tempo, passa hora.

PAI

Raquel Pereira Carvalho

Fotos do passado registram a tua existência
E a tua ausência, o teu fim
Quando perdida no tempo me recordo de ti
Teu amor está impregnado nas fotografias
E quando olho as fotos, sinto você aqui ao meu lado
Me guardando...

Valores que tu me deste

E eu com sonho de liberdade...
Hoje eu sei tudo que tu me deste
Eram asas para um longo voo
Com teus valores enfrentei tempestades
Amor, sabedoria e honestidade
Agora olho as fotos para ver teus olhos
O tempo está passando...
Por enquanto ainda posso voar
Mas vai chegar o dia que fotos passadas registrarão minha ausência
Quero ter o mesmo olhar como um legado
Para quem ficar e quiser recordar um dia a minha existência.

O ÚLTIMO SONETO

Remy Sales

Cessem tudo agora!
Atencionem-se a este quarteto
Ou cerrem os olhos, vão embora!
Mas antes vejam o último soneto...

Apaguem as luzes (esperança)
Levem-me junto. Não aborreço, prometo.
Ou me esqueçam! Enterrem as lembranças.
Mas olhem o meu último soneto.

Filosofem, disparem o grego Mileto
Divulguem-me, caso eu queira, aceite.
E engulam! Então dispersem este último soneto.

Afaguem ou praguejem Vivaldi, O Concerto
Mas se acaso nada indissolúvel se ajeite
Só repilam, então expilam este último soneto!

SONETO AO AMOR QUE NÃO TIVE

Remy Sales

Muito esperei
Sem mesmo esperar
Pouco tentei
Sem nada tentar.

Antes queria
Sem mesmo querer
Depois sofria
Sem vê-la sofrer.

Cedo partiu
Sem mesmo partir
Tarde pra eu insistir...

Sempre fugiu
Sem mesmo fugir
Nunca iria eu conseguir...

EI, ME RESPONDE

Renata Stuart

Psiu. Aonde vai?
Pra que a pressa?
Senta aqui
Vamos ter uma conversa.

Diz pra mim
Por que a pressa?
Não te pesa
tudo que você leva?

Lágrimas, medos, lembranças...
Vida.

Todo dia
menos um dia.
Ou seria mais um dia?

Confessa!
Tudo que carrega:
esperança, crescimento, aprendizado...
cura.

Não te pesa?

QUEM É ELE?

Renata Stuart

Uma ilusão
Um ancião
Ou um ladrão?

A pausa breve
entre o que foi
e o que será

ou um fenômeno
que permeia
tantas de mim?

Pai de memórias,
professor de paciência
ou incentivador de sonhos?

Quem é ele?
Passado, futuro...
Ou seria um presente?

E quem somos nós?
Tolos, eu suspeito.
Correndo atrás de cédulas
quando o tesouro sempre foi ele:

O tempo.

O TEMPO E AS CARTAS

Renata Vasconcelos

Durante todo esse tempo, diversas cartas de amor escrevi pra ti
Aguardando o tempo da promessa
Mas diversas vezes chorei por te ver longe de mim
Te vi partir
Te vi nos braços de outro alguém
Mas, chorando, continuei
sorrindo
O sentimento sombrio não foi maior do que a convicção,
Pois sabia que Deus tinha a solução.
O tempo da solidão não é agradável
Mas a alegria da conquista é inefável
O amargo e cálido deserto
Não fez a promessa sucumbir
Deus une propósitos
E hoje tenho você juntinho de mim
Me inebrio em teu olhar
Sua voz me faz suspirar
Perco o fôlego
Fico sem ar
Em águas tranquilas ou bravas
Nunca deixarei de te amar
Pois escolhi por você esperar...
O mais puro e doce amor
O tempo não pode apagar
E todo o tempo que ainda tenho
Não é suficiente para tanto te amar.

SENTENÇA DO TEMPO

Renata Vasconcelos

Parece que o tempo parou pra mim
Só parece
Mesmo tendo envelhecido
Não envelheci
Mesmo já tendo percorrido uma longa estrada
Parece que estou estagnada
Falta algo em mim
O sonho que não realizei
Onde foi que errei? Sim, chorei
Alma aflita
Não queria que fosse assim
Queria que já tivesse acontecido
Ah, coração partido!
Não compreendo. Sim, entendo
Dói a sentença do tempo
Mas o tempo é necessário
Deus transforma maldição em bênção
Espere o fruto amadurecer
Não colha antes
No tempo oportuno você vai perceber
Que o tempo te fez crescer.

TEMPO NOSSO

Roberto Nunes Bittencourt

O tempo acorda cedo,
vem e entra na nossa casa
trazendo-nos a resposta
de que ainda temos tempo
para amar com cumplicidade.

O nosso tempo escreveu
o amor.

Costuramos as linhas da vida
emendando retalhos
de outrora.

O fio vai cerzindo,
e no ir e vir
enlaçamos nossos destinos
em um só propósito.
Pedaços de vida no porto-amor
de nosso infinito.

FRENETICAMENTE

Roberto Nunes Bittencourt

Há uma corrida insana contra o tempo
numa crescente preocupação
e obsessiva busca pela eficiência.
Fazer tudo rapidamente, mais veloz que a passagem
dos ponteiros do relógio.
A hora é curta, não há tempo a perder.

Mamão sem caroço, abacaxi descascado,
feijão enlatado, arroz pré-cozido,
fast-food para qualquer hora.
Almoço, lanche, janta, tudo no micro-ondas.
Como ainda não inventaram uma comida
que já vem mastigada e deglutida?

Mais rápido, menos esforço, mais satisfação.
"Time is money", reza o lema.
Precisamos de mais tempo para termos mais tempo
a gastar
— e, nesse ritmo, menos para
viver...

REMINDO

Samuel Neri

Olhos grudados ao teto,
quase te vejo passar.
Ouvidos atentos,
nada que ouço,
nenhum lugar
é como o que foi vivido,
nem como querer voltar.

A areia vazou ligeira,
ligeiro que é,
um dormitar,
um sopro de vida,
uma beira,
cabeça encostada na cabeceira
entrando no túnel,
na ampulheta,
remindo,
remando reminiscências,
buscando no tempo
um viajar.

D'UM TEMPO

Samuel Neri

No ar, o movimento, o vento.
O balanço elevando o corpo
preso à gravidade sem tempo
dos pés que não tocam o chão.

Das vestes d'um outro tempo,
lembro, deslembro absorto.
Das cores cortando o vento
das cordas cruas, das mãos,

do vermelho cobrindo as fibras,
do riso frouxo solto no ar
zombando contra o silêncio

que reinava em nossas vidas,
quais não se podia pensar.
Da vida d'um tempo nêncio .

CORRENTES DO TEMPO

Sonia Pineda Vicente

Correntes do tempo;

Correntes da mente que mente;

Ferros me prendem, gavetas se abrem e me fecham;

Escadas me levam pra onde? Mundo? Que mundo? Qual mundo?
Vasto mundo...

Correntes de um tempo imundo;

Não sou o Raimundo, sou o Zé da Vila preso aqui e ali;

Dentro e fora de mim!

O TEMPO

Sonia Pineda Vicente

Não fale do tempo

Que passa correndo

Não fale do tempo

Que passa voando

Manhã que já entardece

Dia que já anoitece...

Eu quero apenas viver o meu dia

E contar à noite pra você.

DÁ UM TEMPO

Tania Porto

Muitas vezes pedimos mais tempo
para tarefas imperativas
Outras vezes tentamos fixar no tempo,
momentos de amor.
Algumas vezes queremos esquecer o tempo.
Até pedimos: "ora, dá um tempo"!
Agora parece que ele nos ouviu:
tá aumentado, longo, eternizado.
O que fazer?
Somos dignos de tanto tempo?
Queremos ainda parar o tempo?
eternizar o hoje,
que foi o ontem, e
logo será o amanhã?
Quanto tempo pode durar este tempo?
Como lidar com as muitas reflexões,
dúvidas e incertezas?
O que somos sozinhos com tanto tempo?
Ora, dá um tempo!!!

UM BRINDE AO TEMPO

Tania Porto

Tempo que se esparrama
em lágrimas de chuva,
em mãos que se estendem para
acariciar,
agarrar,
sentir,
ajudar.

Tempo que se vive
no pulsar dos corações,
nos afetos e nas almas.

Tempo que se esparrama
em palavras,
gestos,
beijos
cheiros e olhares.

Pelas janelas da poesia, um brinde ao TEMPO.

INSTRUÇÕES [DO TEMPO] PARA VIVER BEM

Tatiana Pereira

"Gente e lugar só valem a pena se der vontade de ficar",
disse o tempo

Aquele que Caetano fez música, oração e repetição

Que também é fugaz nas horas que nem sempre são de descuido

O mesmo que te faz sentir a dor que vai além do soco no estômago

A maneira como dedica amor em tantos "agoras"

A sílaba tônica em retrogosto que prolonga goles e palavras
trêmulas

As lágrimas que chegam a molhar o colo com a ficção

Quem nunca derramou glitter na ansiedade, não sabe o que é
sabotar angústia para ficar com a cor e o brilho na pele que
envelhece a cada dureza

Quem acreditou mais no que viu do que naquilo que sentiu,
também sabe o que é voltar casas como no jogo de tabuleiro

E a gente vai lá e provoca abismos.

Desfila em *slow motion* na vida dos outros, como se a vida fosse a
Abbey Road e os outros os Beatles

A gente brinca com a imortalidade que não tem.

Você lembra da última vez que morreu? Doeu?

Quantas vezes dançou aquela música cafona que te faz rir
de si mesmo?

Sorriu no final, mesmo que o final já tenha acontecido lá trás,
como Jim e Amanda em

"Blue Jay"?

"E nada acaba entre o sacudim do meio da tarde e um sacundém cheio de vontade", frisou.

TEMPO

Tauã Lima Verdan Rangel

Corre sem medida, sem limites o tempo
Transborda pelas margens sem contratempo
Um brinde à vida, que se renova diariamente
Uma lufada de brisa, um sopro ingenuamente

O tempo corre a cada dia com suavidade
Emerge da face com desmedida felicidade
Um brinde à intensa e desejosa inspiração
Desperta o desejo e intensifica a palpitação

Tempo caótico que rejuvenesce o desejo
Gargalhadas que explodem em um festejo
Areias incontidas, que correm no firmamento
Trazem consigo um onírico e delirante alento

Tempo de lembranças e memórias vividas
De uma doce existência, jovial e tão vívida
Um convite ao tormento de uma reflexão
Da vida complexa em uma plural sensação.

HÁ DIAS...

Tauã Lima Verdan Rangel

Há dias que o tempo corre rápido, sem medida, sem freio
Trazendo consigo dores no peito, sem licença ou refreio
As cores ficam turvas, sem brilho ou graça, desbotadas
E nisso tudo rola mais uma lágrima quente, desesperada

Há dias que o coração bate apertado, miúdo, tão dolorido
Trazendo consigo um desespero inominável, grito contido
Na garganta seca de palavras não ditas ou sequer faladas
Uma reflexão mortificante e doída a não ser pronunciada

Há dias que se levantar é uma vitória no espaço caótico
Um agir impulsivo em meio a um painel tão catastrófico
Tropeços se avolumam diante das mais temidas incertezas
Rola mais uma lágrima, uma lágrima quente em sutileza

Há dias que encarar o reflexo no espelho é ato de coragem
Friamente raciocinar na desilusão, pensar numa miragem
Recolher os cacos que sobraram de tantas projeções
Desatar alguns nós, cortar uns laços, enfim... reflexões

Simplesmente há dias que viver é um ato de rebeldia
Continuar caminhando neste plano, quase uma epifania
Pelo rosto marcado escorre mais uma lágrima ardente
Lembra que, por mais forte, atrás de tudo há gente.

TEREMOS BASTANTE TEMPO (T.B.T)

Thaís Vitoriano

É o segundo ato,
Descalço
Sinto a terra me abraçar

Um céu de manchas acinzentadas
No olhar abriga vista
E um antigo conselho para recostar

É o segundo passo,
Dos ventos que suave beija a pele
Nos repele
Do tempo que já foi perdido

Teremos bastante tempo
E os ventos pela janela entrarão
Teremos bastante tempo
Para nos conceder novo perdão
Teremos bastante tempo

É o segundo poema
Do primeiro verão
Teremos bastante tempo
Teremos uma outra estação

Teremos bastante tempo
Cronometrados no relógio
Teremos bastante outros tempos
E só teremos aqueles que de fato serão nossos
Teremos bastante tempo

PASSAGEM

Thaís Vitoriano

Era um tempo de ganância
Escorria das bocas
Ouro e prata derretidos ao custo de muitas liberdades
Era o tempo
De fertilidade
E se alastravam pelos campos
Matérias, cédulas e prosperidade
Ao custo do tempo e do amor alheio
Era um tempo
De mulheres vitrificadas
Esculpidas e dilaceradas
De escolhas e abandono de restos
Era um tempo de seletividade
E de purificação moral
Ao custo de corpos e rostos sacrificados
De poesias mortas
De perdas sem fim

Era um tempo
E um tempo só era ele
Manchando as páginas dos livros
E recobrando seu passado
Era um tempo
Se safando dos ventos
E querendo
Desesperadamente passar.

INVESTIDAS

Thaís Vitoriano

Os olhos revelam o ato
A pele arrepia, é fato
A boca seca, me calo
Um instante de coragem e... falho

As palavras
Dizem sem dizer
A alma
Quase que salta
Difícil conter

Invisto no tempo
Pensando em você

Um decote
E nota?
Um sorriso
E nota?
Uma palavra
Que importa?

Invisto no tempo
Tentando esquecer

Mostra o corpo
Toca o dorso
Precisa saber?

Invisto no tempo
Tentando ceder

Te olho
Tentando me fazer ver
Te falo
Tentando te fazer dizer
Invisto no tempo
Investindo...
Investindo...
E você?

HOJE

Ulisses Andrade

Hoje...
O que é o hoje senão o amanhã de ontem e o ontem de amanhã?!

O ontem é passado vivido, lembrança,
Às vezes esquecido, às vezes lembrado,
O ontem é história, infância.

O Hoje é um presente.

O Amanhã é a incerteza,
É o futuro, o por vir,
O amanhã é esperança, surpresa.

O hoje é vivendo.

O amanhã sempre pode ser melhor que hoje,
Pena que não chega.
O ontem já não dá mais.

O hoje é presença.

O ontem sempre traz uma lágrima,
De alegria, ou de tristeza.
De lembrança.

O hoje é tempo.
O ontem foi tempo.
E o amanhã? Será?

O BALANÇO

Ulisses Andrade

Vai e vem,
Balança o balanço,
Balança a menina,
Balança o menino
Balança a donzela,
Com os olhos sorrindo.

Vai e vem,
Balança o balanço,
Balança o rapaz,
Que perdeu a hora,
Balança a senhora,
Que lembra e chora.

Vai e vem,
Balança o balanço,
Balança com o vento,
Balança com tempo,
Balança agora.

Vai e vem,
Balança o balanço.

O AMANHÃ

V. S. Santos

Se eu pudesse prever o amanhã
Hoje eu faria tudo diferente
Minhas prioridades seriam outras
Com as pessoas seria transparente

Se eu pudesse prever o amanhã
Hoje eu daria o meu melhor
Não faria acepção de pessoas
Espalharia o amor seja onde for

Se eu pudesse prever o amanhã
Hoje eu daria ao outro mais atenção
Desaceleraria a correria do dia a dia
Abraçaria com ternura, de coração

Se eu pudesse prever o amanhã
Hoje eu deixaria de lado o orgulho
Perdoaria quem me feriu
Tiraria do meu peito todo entulho

Se eu pudesse prever o amanhã
Hoje eu agradeceria sem murmurar
Aceitaria a soberania do Senhor
A vida é bela, vamos aproveitar

Se eu pudesse prever o amanhã
Hoje eu não faria planos vindouros
Viveria hoje com toda intensidade
Cada segundo como se fosse ouro

Se eu pudesse prever o amanhã
Hoje eu falaria "é tempo de amar"
Por isso ame mais, abrace mais
A vida é um sopro e logo vai passar.

QUATRO ESTAÇÕES

V. S. Santos

A vida é feita de estações
Outono, inverno, primavera e verão
Todas trazem experiências consigo
Alegria e esperança no coração

A vida é feita de estações
Outono, inverno, primavera e verão
Se finda a estação da euforia
E vem outono trazendo renovação

A vida é feita de estações
Outono, inverno, primavera e verão
Ah! Se pudesse pular e evitar
O frio angustiante do coração

A vida é feita de estações
Outono, inverno, primavera e verão
E tudo parece escuro e perdido
Aparece o colorido da bela estação

A vida é feita de estações
Outono, inverno, primavera e verão
Ah! Finalmente ela chegou trazendo
Experiência, alegria e satisfação.

TEMPO LEVE

Vanessa Oliveira

Que o tempo leve
O tempo que precisar
E passe por seus labirintos
Enquanto aprendo a me entregar
Ao agora
Aos contornos deste destino
Até que eu me deite
Nas camadas do invisível.

PRECE DOS APAIXONADOS

Vanessa Oliveira

Que os nossos corpos
Dancem ao vento
Um compasso
Que o tempo
Não acompanhe.

A MÚSICA FOI O MEU PRIMEIRO AMOR

Vânia Perciani

Foi o piano do pai
Uma caixa de música!
Dentro as teclas dormiam,
Cobertinhas de vermelho.

Eu pegava a mantinha de feltro,
Enrolava no pescoço,
Jogava o cabelo de lado
– A própria Martha Argerich!

Mi, lá, sol, fá, mi,
Meus dedinhos diziam.
O sol ventava a janela!
O tempo sentava no banco,

Os dedos no rio,
A mão abalando
Os corvos nos galhos...
Das nuvens tão claras,

Os anjos desciam, falavam,
Pontinhos brilhantes
Suspensos no ar!

A música foi o meu primeiro amor.

VEM DO CORPO O TIQUE-TAQUE

Vânia Perciani

há um pássaro azul no meu coração
que quer sair
um coração azul no meu pássaro
que quer sair

— fazer, trazer, azular a ventania!

vem do corpo o tique-taque,
o pulsar quasar orgásmico
quase tique, quase taque,
o ponteiro me abrindo

— suficiente! isto é bom
para fazer alguém gritar!

pasmarei o longe, o dentro céu,
vertical voo, tonto precipicio
— corpo meu! Passarinharei

sob a sombra luz da árvore,
sob o tempo que desfolhe
corpo teu em meu regaço,
pássaro-deus azul do caos.

O QUE VALE É TUA ALMA

Waléria Soares

Fria e gélida ela chegou
No princípio eu não percebi
Pra falar a verdade, nem queria
E ela meio que ria
Ela me enganou!

Então, fez-se presente, latente
Até meio insistente
Procurei fugir
E quando dei por mim
Ela me dominou

Sua indecente!
Hoje te tenho e te aceito
Adoro teu doce jeito
De ver a vida com otimismo
Sem medo de correr riscos

E te admiro!
Porque o que vale é tua alma
Que corre feroz e me acalma
Que me faz amar as cicatrizes
Oh, minha adorável velhice!

FIM DO TEMPO INFINDÁVEL

Wesley L. C. Ribeiro

Tempo de agradecer ao tempo
Bendizer
Tempo de transcender em espiral
Alumiar-se
Diluir-se em movimentos e se refazer em instantes

Etéreo tempo de brotar
Renascer-se
Mutar-se em constância sagrada
O tempo é sagrado

Tempo cíclico de se reconstituir com esmero
Com paciência
a rumar-se ao fim do tempo
Infindável.

SOLÚVEL

Wesley L. C. Ribeiro

Tempo

t e m p o

t t

e e

m m

p p

o

p p

m m

e e

t t

t e m p o

Solúvel

GAVETA DA ALMA

Poeta Inquieta

A vez primeira
Que meu coração disparou
Se deu naquele janeiro
O ano era oitenta e seis
De volta pra casa,
após uma novena
ao São Sebastião
Pegaste na minha mão
Disparando meu coração
Naquele caminho estreito
Que estreitava as distâncias
Enlaçando corações
E sob a luz da lua me vi nua
Tamanha foi a emoção
Ao sentir tua mão na minha mão
Um torpor no corpo
Meus pés não sentiam o chão
Emoção que o tempo perpassa
E permanece guardada
Na gaveta do tempo e da alma.

Zenilda Ribeiro Da Silva

DURA CENA

Poeta Inquieta

A cena ainda é vívida
Daquela minha dor vivida
Na sala da nossa casa
Apostos, eu e você,
Eu não apostava mais em nada
Tanto descaso, tanta negação.
Uma conversa, uma discussão,
Sem abertura veio a ruptura
Disseste-me palavras duras
Exigindo-me uma escolha a fazer
Contigo ficar ou minha vida tocar
Escolhi seguir vivendo e me amando
Para as dores o tempo preparou a cura
Me fazendo das cinzas renascer
Em uma nova criatura
Mais destemida, mais dura
Mas conservando no olhar a doçura
Que busca enfrentar com bravura
Dos amores as agruras
Sem guardar as amarguras.

Zenilda Ribeiro Da Silva

HOJE QUERO IR EMBORA ÀS 21H44

Yasmin Bacchi

A inquietude está presente
Nos pés que tremem automaticamente.
Nas unhas que já não são mais roídas
Mas descascadas, destruídas.
Presente no ranger do dente. Explícito no olhar da gente.
Na pressão do lábio inferior. Na engolida seca que entrega a dor.
Na pressão também do cotidi-ano-mês-hora-minuto
Um piscar de olhos e se está de luto.
A tal imita ânsia. Dilacera o estômago, sobe até a garganta.
E a vontade é vomitar. Física e psicologicamente:
A comida que não comi, as palavras que eu não falei.
A mão vez ou outra treme. O olho vez ou outra enche. Vaza.
O reflexo vez ou outra trava. A pele vez ou outra rasga.
O cérebro vez ou outra buga. Cansado de tanta luta.
O coração vez ou sempre transborda. Satura. Palpita. Entrega.
Se perde caminhando por inércia.
Eu vez ou nunca me sinto satisfeita, mas confesso, sou suspeita.
Porém sinto tantas outras coisas...
Muito, por exemplo.
Eu sinto muito!

PRETÉRITO IMPERFEITO

Yasmin Bacchi

Espalhei presente
Num passado não tão
Distante do futuro
Marejar os olhos felizmente
Significava que eu não estava
Mais bambeando em cima do muro
Coração afoito é emergente
De um eu um pouco mais maduro
Que entendeu que sente
A insaciável sede de se entregar ao mundo
Mesmo não sendo um lugar seguro
Na estrada estrela cadente
Num é rara nem singular
Caminhar no escuro
Já estava tão claro quanto a luz do luar
O medo se fez ausente
E de repente quando vem logo me curo
Mesmo nesse caos inseguro
Emaranhado de gente
É o jeito que eu quero dançar

ANDAMENTO PRA RECONCERTO EM DOIS TEMPOS

Zé Júlio

Tocando assim avulso
Vai um tempo mui além
De tudo que acontece!
E a hora não dá nem
Num relojo de pulso,
Na torre da igreja,
Quem dirá na quermesse,
Ou nos computadores?!
Mas todos, ora veja,
A destempo, senhores,
Só vivem a marcar!...
Tempo ó, nunca visto,
Na pêndula dilatada,
Se disposto não despisto
Mais o vaivém revelado...
Está lá só por estar,
Será que é mágico
Por desconveniência?
Alento antropofágico,
Banquete de paciência!!

* A grafia de relojo é como está no poema e consta no Aurélio sc. XXI: Relojo S. m. Ant. Pop.

1. Relógio.

PASSAGEM

Zé Júlio

Não é o tempo quem passa,
Sois vós...
Na porta
Por dentro a sós,
Não importa
O tempo que faça!

REFLEXÃO NO TEMPO

Zodja Barros

O tempo não volta, mas se transforma...
O que passou não volta, mas encanta...
A idealização da eternidade é a fonte da magia da criatividade
Para o reencontro com a emoção.
Viver o que não viveu,
Realizar os desejos à base da criatividade,
Assim reencontrar tudo que sonhava e
Eternizava.
O poeta com toda sua sensibilidade de externar
Por meio de palavras os sentimentos mais profundos,
Assim eternizar o melhor da essência humana.

TEMPO

Zodja Barros

O medo chegou,
A multidão se espantou,
Colhendo frutos da plantação,
Não muito bons por não acreditar na realidade da situação,
Mas nunca é tarde para criar uma nova situação.
O tempo não passa,
Nós passamos; então, cada momento é uma alegria,
Eterno e mágico, cabe a nós criarmos a grande cena e
Apresentar no teatro da vida fazendo da ilusão a realidade...

Este livro foi composto por letra em Mercury Display
10,5/16,0 e impresso em papel Pólen Soft $80g/m^2$.